Cyrill Lachauer
What Do You Want Here

Inhalt
Content

Cyrill Lachauer

What Do You Want Here

Thomas Köhler

Die Arbeiten Cyrill Lachauers habe ich durch eine Jurytätigkeit im Jahr 2010 kennengelernt. Für den Fotopreis der Investitionsbank Berlin (IBB) hatte sich Lachauer nicht nur mit fotografischen Arbeiten, sondern auch mit dem dokumentarischen Performance-Video *I killed the butterflies* beworben. In diesem befreite Cyrill auf einer mythisch-rituellen Wanderung in den bayerischen Alpen die von ihm als Kind gefangenen und getöteten Schmetterlinge. Die autobiografisch geprägte Arbeit, bei welcher Lachauer Akteur und Regisseur in einem war, hat mich in Kombination mit den ebenfalls eingereichten Fotografien nachhaltig beeindruckt. Lachauer wurde der Fotopreis zusammen mit Mike Bourscheid zuerkannt und beide haben in den Räumen der IBB eine gemeinsame Ausstellung ausgerichtet, die sich allerdings auf das Medium der Fotografie konzentrierte. In den folgenden Jahren behielt Lachauer die bereits in seiner Bewerbung angelegte Dualität der Medien Fotografie und Video bei.

Im Jahr 2012 konnten wir in der Berlinischen Galerie den Film *32 m.ü.NHN. – 114,7 m.ü.NHN. (II)* in unserem Videoraum zeigen, zudem gelang der Erwerb einiger Arbeiten für die Sammlung des Museums. Das langjährige Interesse an Cyrill Lachauers Schaffen kulminiert also nun in Form einer Einzelausstellung in der Berlinischen Galerie, die der Künstler in enger Kooperation mit dem Kurator Guido Faßbender entwickelt hat.

Die Ausstellung *What Do You Want Here* zeigt erstmals einen Werkzyklus, der in den letzten zwei Jahren auf Reisen in den USA entstanden ist. Von zentraler Bedeutung ist Lachauers neuer Film *Dodging Raindrops – A Separate Reality*. Er beginnt in Los Angeles und folgt den vermeintlichen Feldforschungsreisen des umstrittenen Ethnologen Carlos Castaneda, der als einer der Begründer der New-Age-Bewegung gilt. Immer wieder waren Zweifel an der Authentizität seiner Schriften aufgekommen und vielfach hatte man Anstrengungen unternommen, Castaneda nachzuweisen, dass seine anthropologischen Geschichten erfunden und erlogen, kurz und amerikanisch: ein Fake seien. Castanedas Wanderungen, seine Auseinandersetzung mit der Geschichte der Native Americans, hatten Lachauer schon als Teenager beeindruckt. Im Alter von 16 Jahren hatte er Castanedas *A Separate Reality* als Weihnachtsgeschenk bekommen. Seinen eigenen Bekundungen zufolge war er fasziniert, ja geradezu mesmerisiert, sodass das Buch sogar den Ausschlag gab, ein Studium der Ethnologie zu beginnen.

Parallel zu dem Film sind Fotografien und Texte zu sehen. Der fotografische Teil der Ausstellung zeigt ebenso wie die Videoarbeit Cyrill Lachauers Suchbewegungen im Hinterland der USA. Dabei spielen seine Idee von einer erzählenden Landschaft und sein Interesse an der Einschreibung von Geschichte in Landschaft zentrale Rollen.

Lange waren der Zeitraum und die Finanzierung der Ausstellung unklar – ein wesentlicher Aspekt für die Berlinische Galerie, denn wir verfügen über keinen eigenen Ausstellungsetat. Schließlich war es möglich, für die Realisierung des Projektes Haushaltsmittel des Museums aufzuwenden. Ich danke daher Cyrill Lachauer auf das Herzlichste. Er hat sich in Geduld gefasst, die Verschiebungen gelassen akzeptiert und weiter an seinem Projekt gearbeitet. Guido Faßbender, Kurator der Ausstellung, hat ihn begleitet und mit ihm gemeinsam eine sehr überzeugende Lösung für den Ausstellungsraum gefunden. Technisch wurde die Ausstellung von Roland Pohl, Wolfgang Heigl und ihren Mitarbeitern umgesetzt. Birgitta Müller-Brandeck als Verwaltungsdirektorin und Susanne Teuber als Leiterin der Abteilung Finanzen haben die nötigen Mittel bereitgestellt und deren ordnungsgemäße Verwendung überwacht. Guido Faßbender wurde durch die wissenschaftliche Volontärin Friederike Nitz unterstützt. Der Grafiker Johannes Siemer von State Berlin hat eine großartige Gestaltungsidee für den Katalog umgesetzt. Ihm gilt mein aufrichtiger Dank für seine professionelle Arbeit am Projekt.

Der Film *Dodging Raindrops – A Separate Reality* und die Arbeit an der Ausstellung *What Do You Want Here* wurden ermöglicht durch die großzügige Unterstützung von Ingvild Goetz/Sammlung Goetz, Markus Hannebauer/fluentum collection, Alexander Hartan/Studio Botanic, Ulrich Köstlin, Ingeborg Neumann, Medienboard Berlin-Brandenburg und Villa Aurora, Los Angeles. Stellvertretend für den Künstler möchte ich den Unterstützerinnen und Unterstützern herzlich danken.

Ich freue mich sehr, dass Cyrill Lachauer seine aktuellen Arbeiten in der Berlinischen Galerie präsentiert, unterstreicht diese Ausstellung doch auch das Engagement unseres Museums für den Produktionsstandort Berlin.

I came to know Cyrill Lachauer's work as the member of a jury for an art prize in 2010, when he submitted not just his photographic works, but also the documentary performance video *I Killed the Butterflies* to be considered for Investitionsbank Berlin's photography prize. In this video, Cyrill "liberated" the butterflies he had once captured and killed as a child along a mythical-ritual hike in the Bavarian Alps. I was lastingly impressed by this autobiographical work, where Lachauer was both actor and director at the same time, and by the photographs he submitted simultaneously. Lachauer was awarded the photography prize together with Mike Bourscheid and both held a joint exhibition in the space of IBB focused on the medium of photography. In subsequent years, Lachauer maintained the duality of the media of photography and video already evident in his application.

In 2012, we were able to show the film *32 m.ü.NHN. – 114,7 m.ü.NHN. (II)* at Berlinische Galerie in our video room; in addition, we were able to purchase several works for the museum collection. This long-term interest in Cyrill Lachauer's work is now culminating in the form of a solo show at Berlinische Galerie that the artist developed in close cooperation with curator Guido Faßbender.

The exhibition *What Do You Want Here* shows for the first time a work series that was created over the past two years on trips to the United States. Of central importance here is Lachauer's new film *Dodging Raindrops – A Separate Reality*. It begins in Los Angeles and follows the supposed field research of the controversial ethnologist Carlos Castaneda, considered one of the founders of the New Age movement. Repeatedly, doubts have been expressed about the authenticity of his texts and efforts have often been undertaken to show Castaneda's anthropological stories were lies and inventions, or, in a word, fake: Castaneda's wanderings, his engagement with the history of the Native Americans already impressed Lachauer as a teenager. At age 16, he received Castaneda's *A Separate Reality* as a Christmas present. According to his own account, he was fascinated, indeed mesmerized by the book, so much so that it inspired him to start university with a major in ethnology.

Parallel to the film, the exhibition also includes photographs and texts. The photographic part of the exhibition, like the video, shows movements of searching in the remote backlands of the United States. Here, his idea of a narrating landscape and his interest in the inscription of history in landscape play a central role.

For a long time, the time frame and the financing of the exhibition remained unclear – the latter being an important consideration at Berlinische Galerie, since we have no exhibition budget of our own. Ultimately it was possible to use funds from the museum budget to realize the project. My thanks go to Cyrill Lachauer for exercising a great deal of patience, accepting the delays and continuing work on his project. Guido Faßbender, the curator of the exhibition, accompanied him and found a very convincing solution for the exhibition space. Roland Pohl, Wolfgang Heigl, and their team were responsible for the technical implementation of the exhibition. Birgitta Müller-Brandeck as administrative director and Susanne Teuber as director of the finances prepared the right funds and oversaw their proper spending. Guido Faßbender was supported by his assistant Friederike Nitz. Graphic designer Johannes Siemer from State Berlin had a wonderful design idea for the catalogue. My thanks go to him for his professional work on the project.

The film *Dodging Raindrops – A Separate Reality* and the work on the exhibition *What Do You Want Here* were made possible through the generous support of Ingvild Goetz/Sammlung Goetz, Markus Hannebauer/fluentum collection, Alexander Hartan/Studio Botanic, Ulrich Köstlin, Ingeborg Neumann, Medienboard Berlin-Brandenburg and Villa Aurora, Los Angeles. In the name of the artist, I would like to thank all our supporters.

I am very happy that Cyrill Lachauer is presenting his current works at Berlinische Galerie, for this exhibition underscores our museum's commitment to Berlin as a place for making art.

The Adventures of a White Middle Class Man (From Black Hawk to Mother Leafy Anderson)

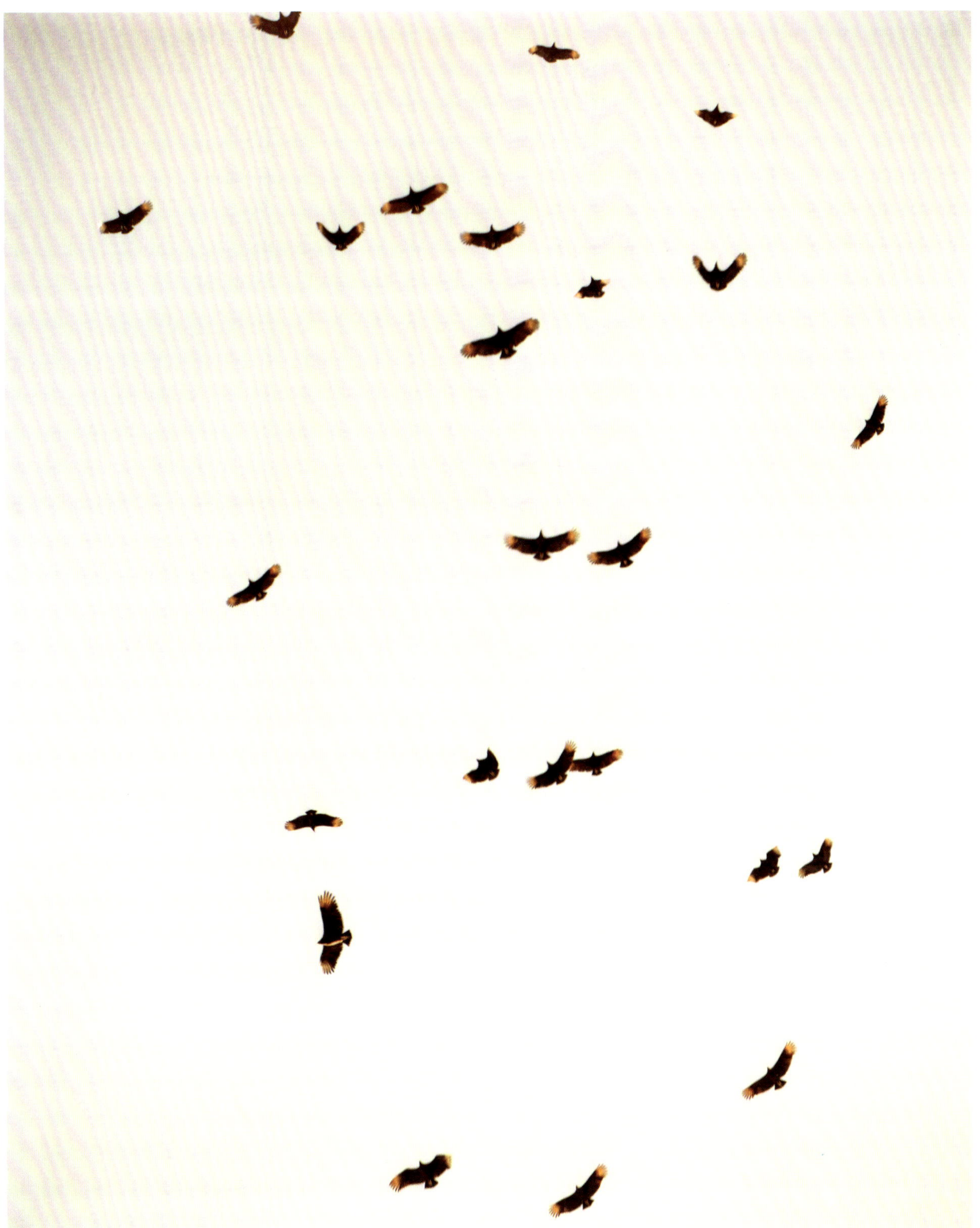

A 1

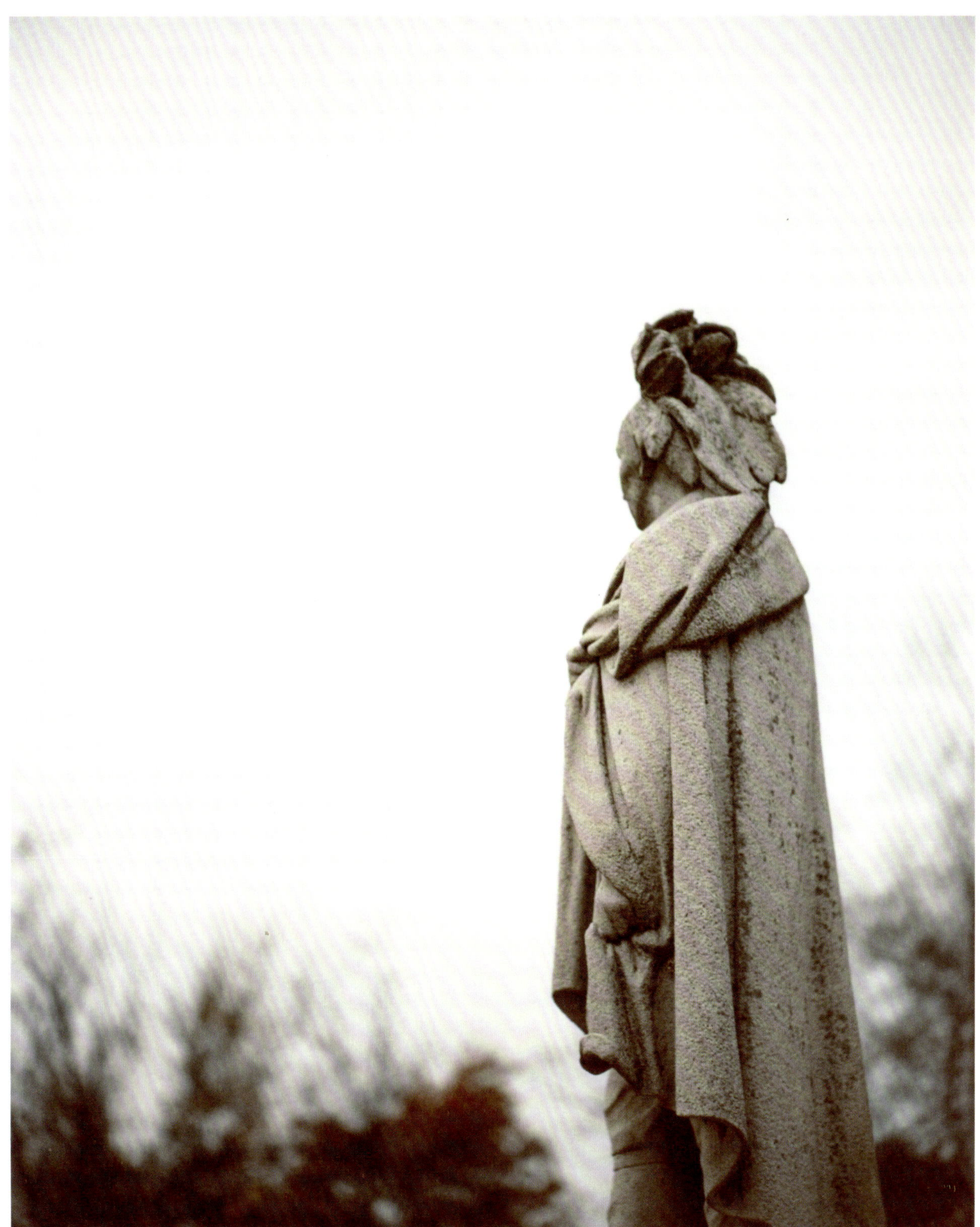

A 2

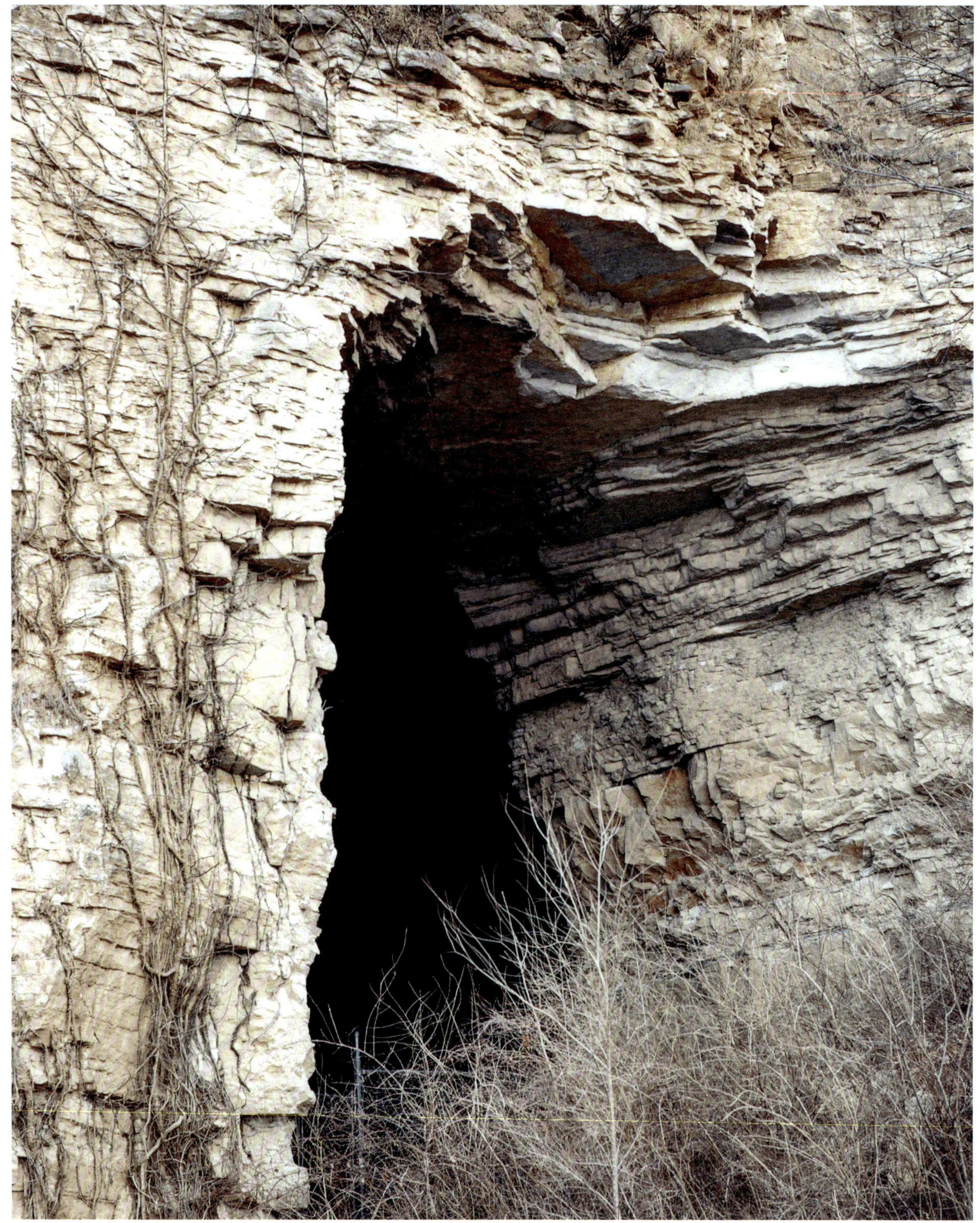

B 1

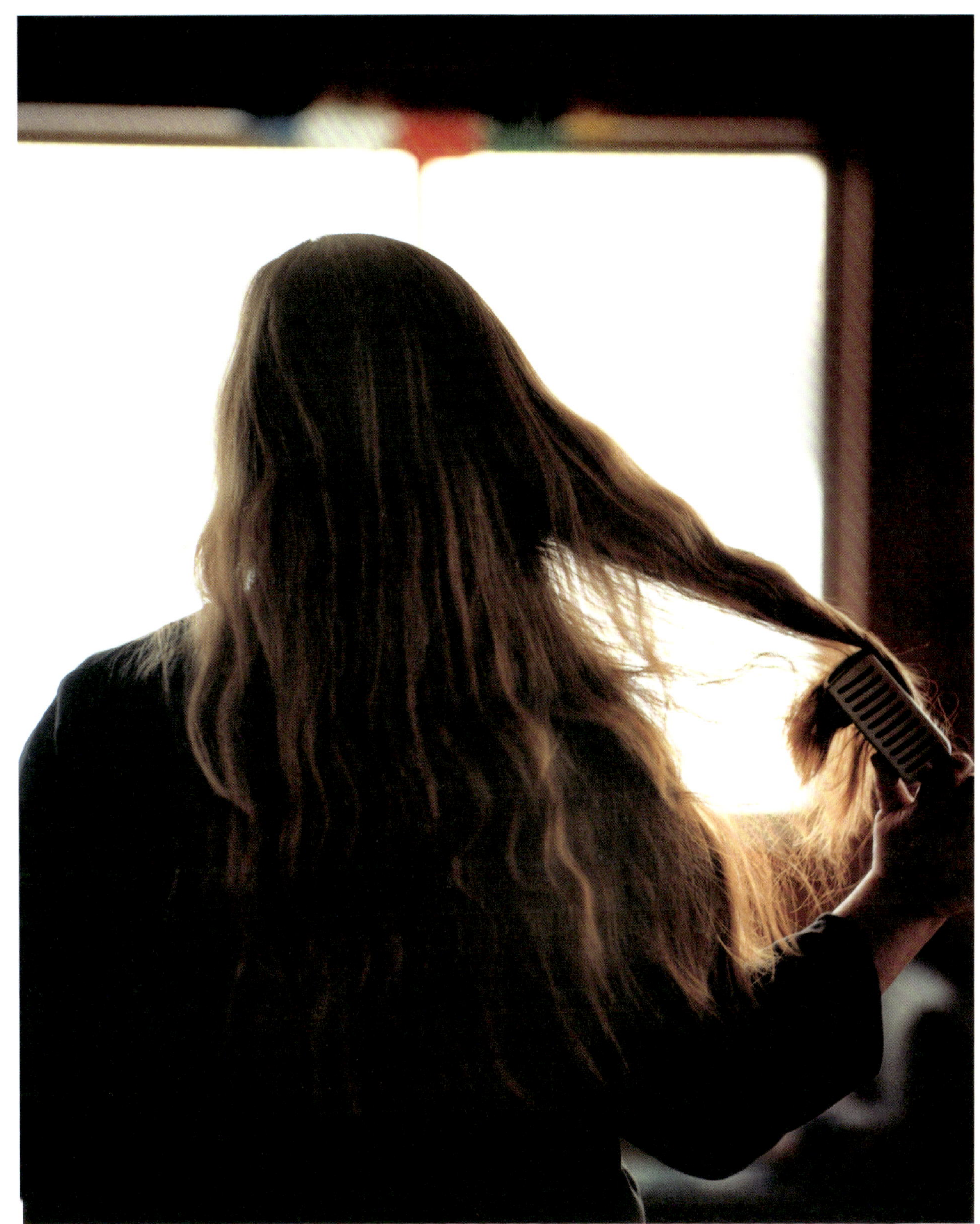

B 2

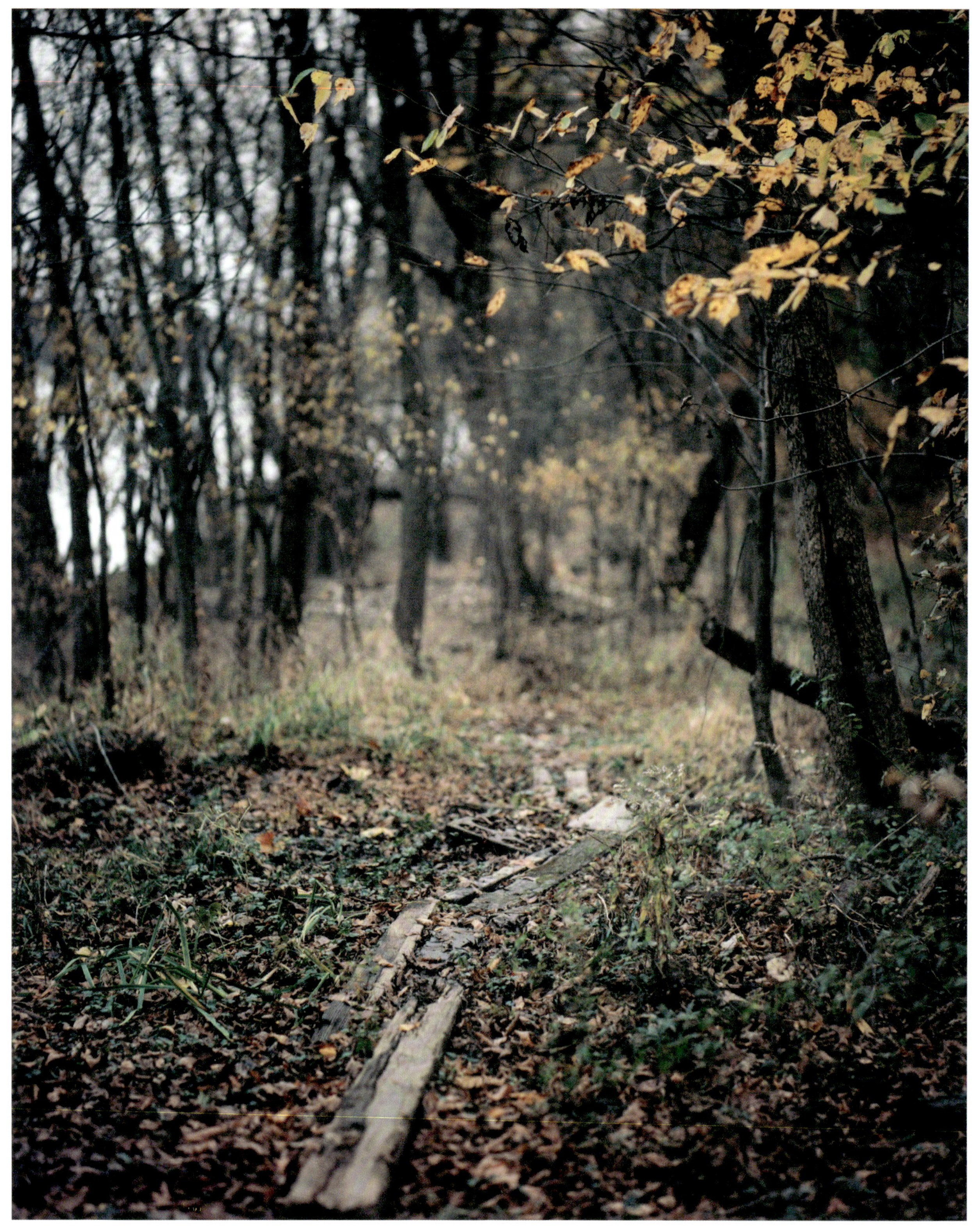

B 3

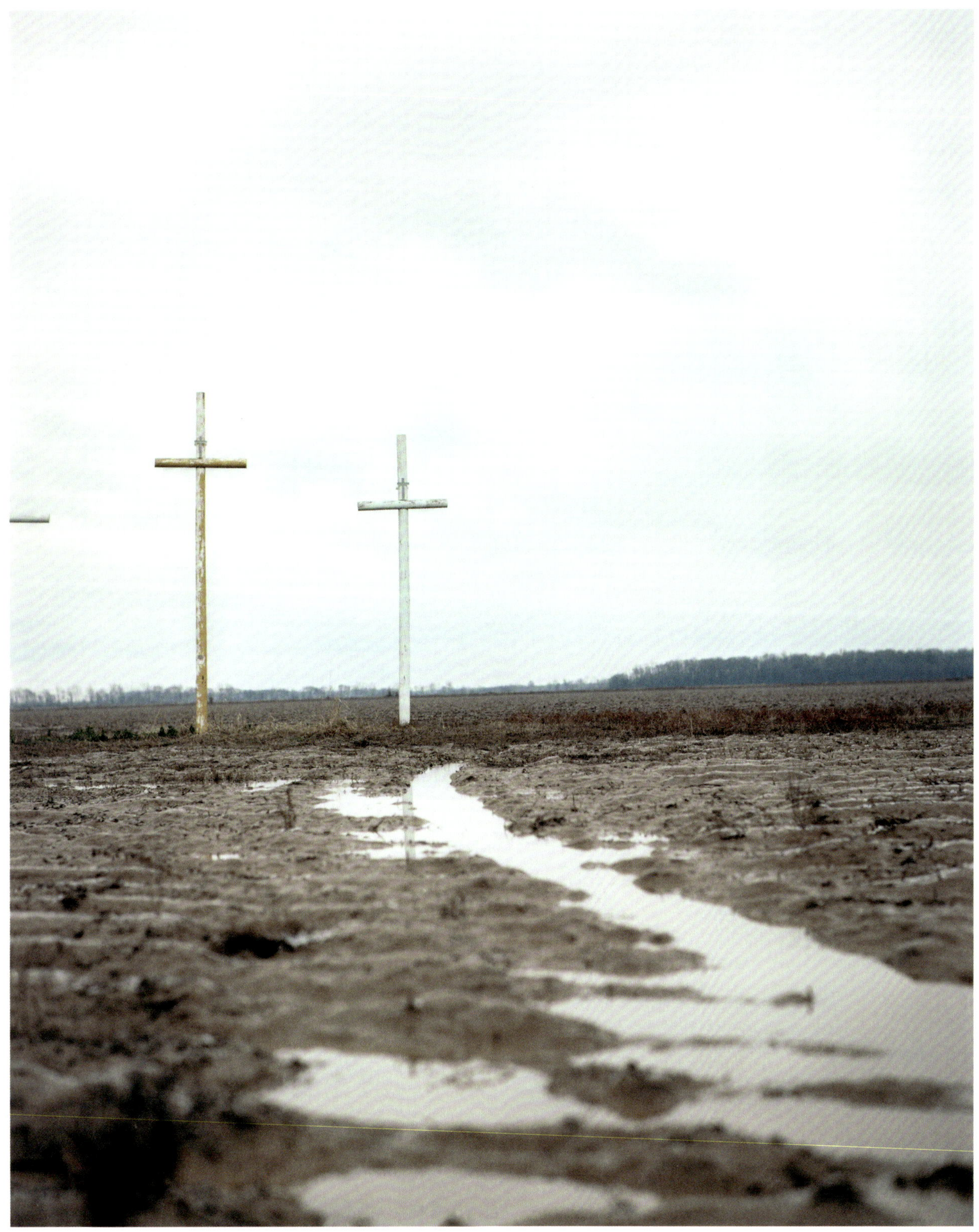

C 2

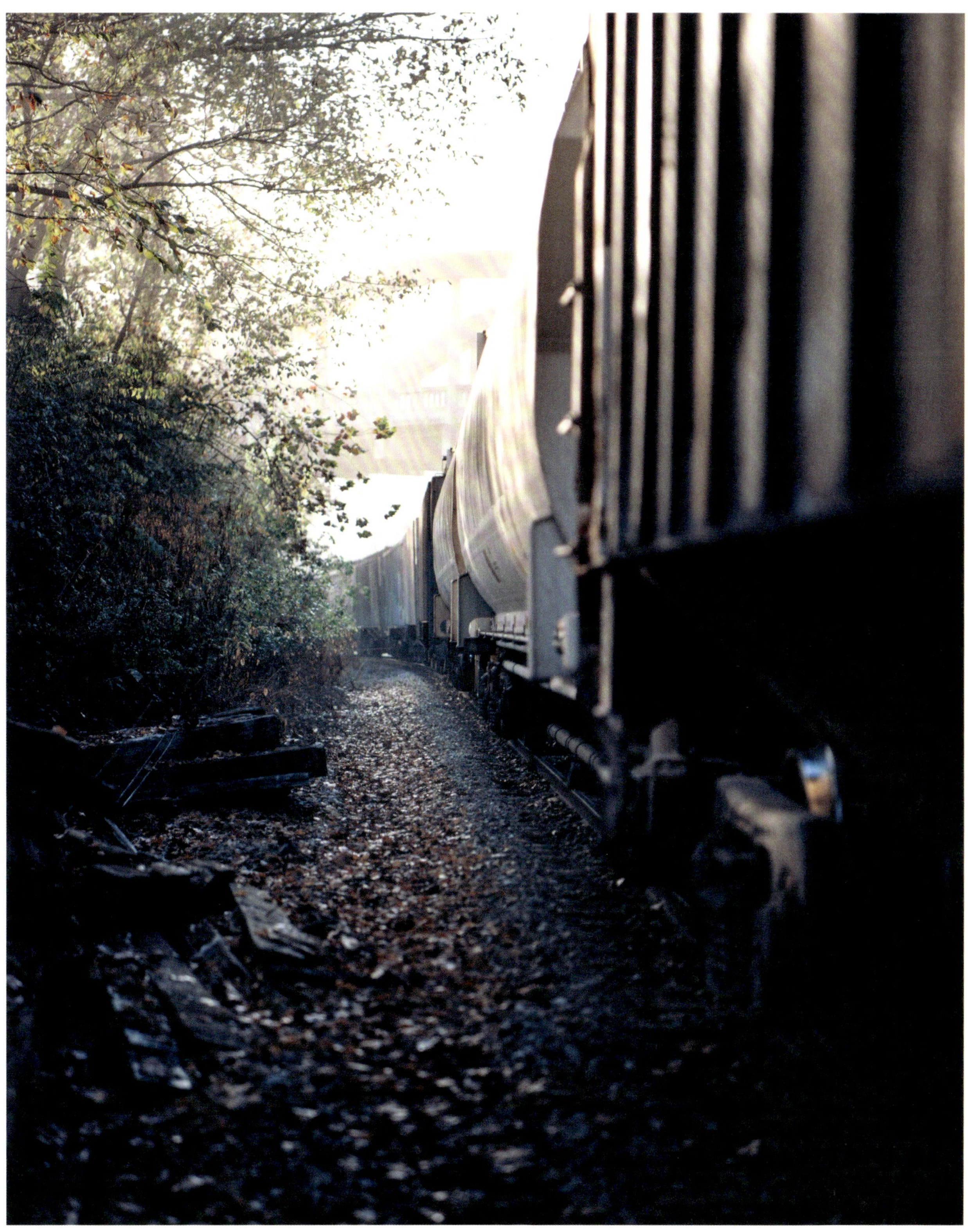

C 1

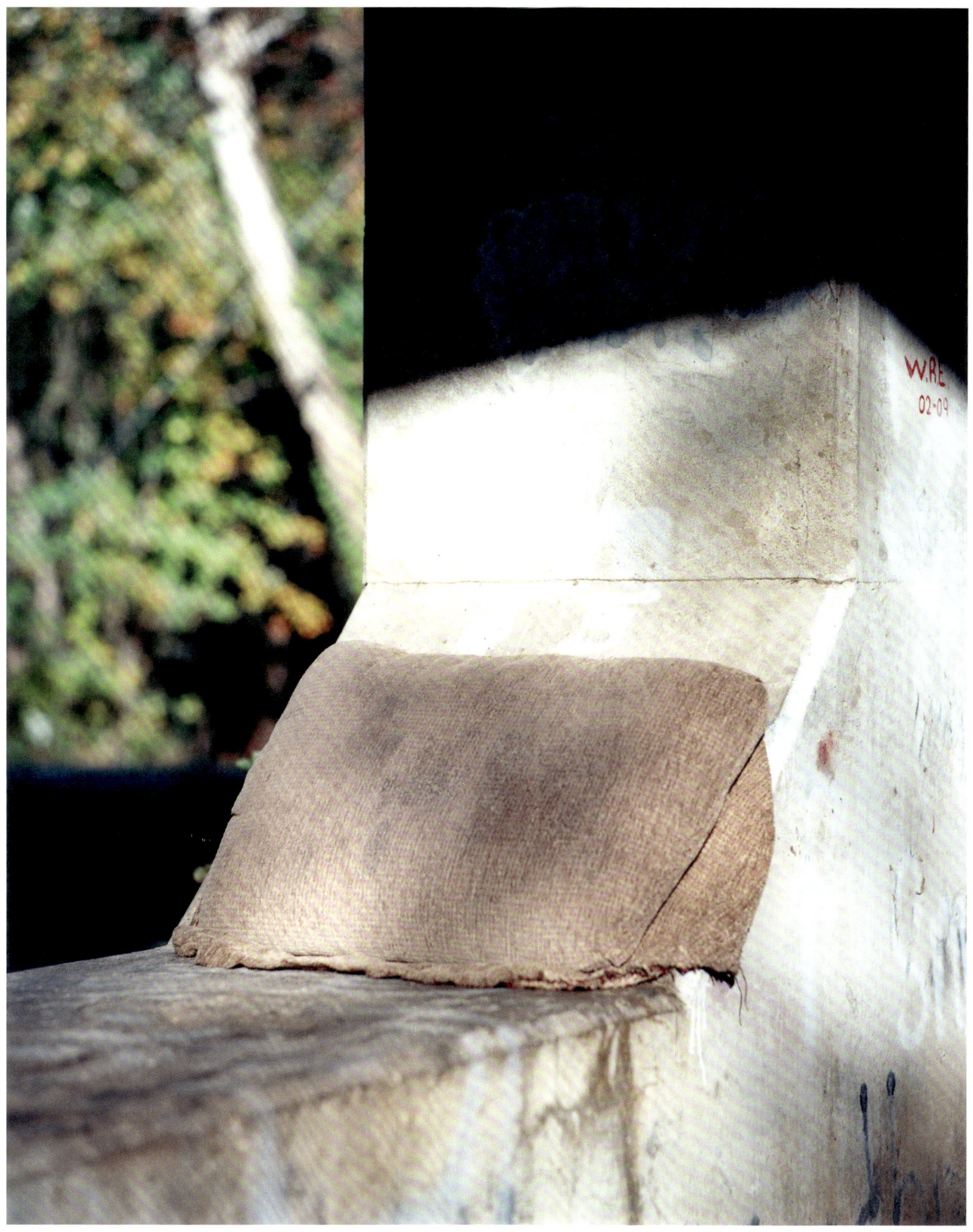

D 1

D 2

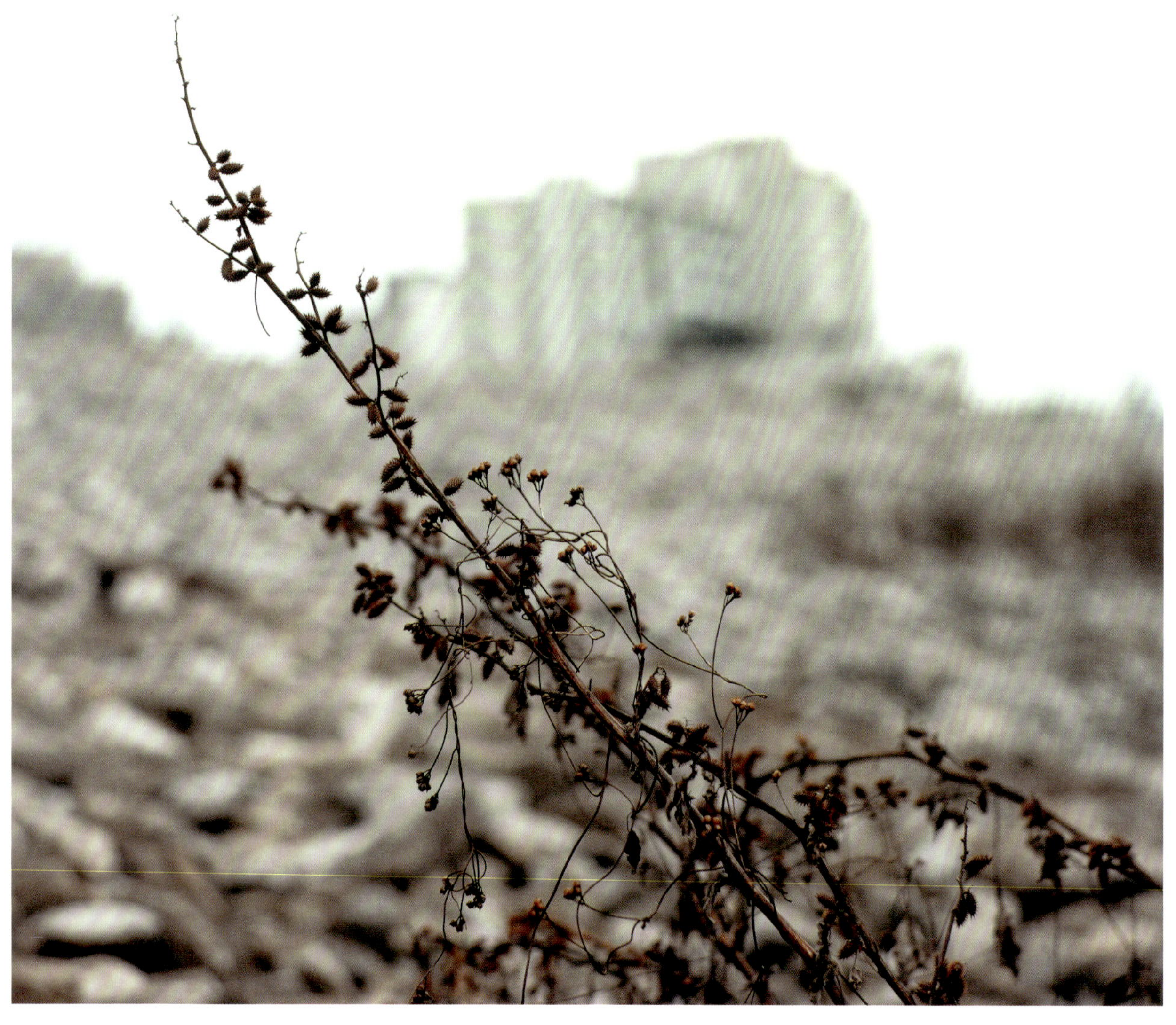

E 2

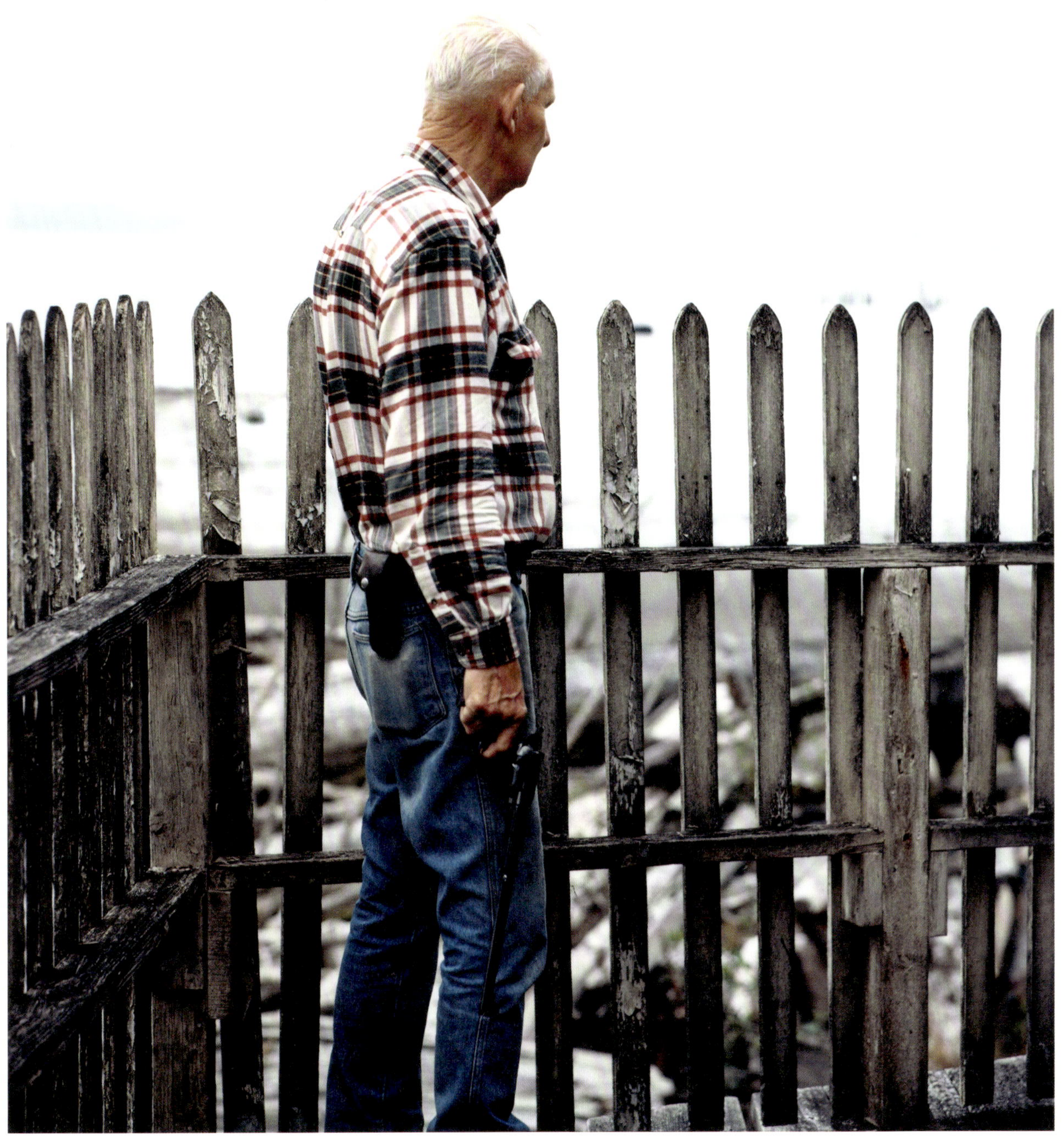

E 1

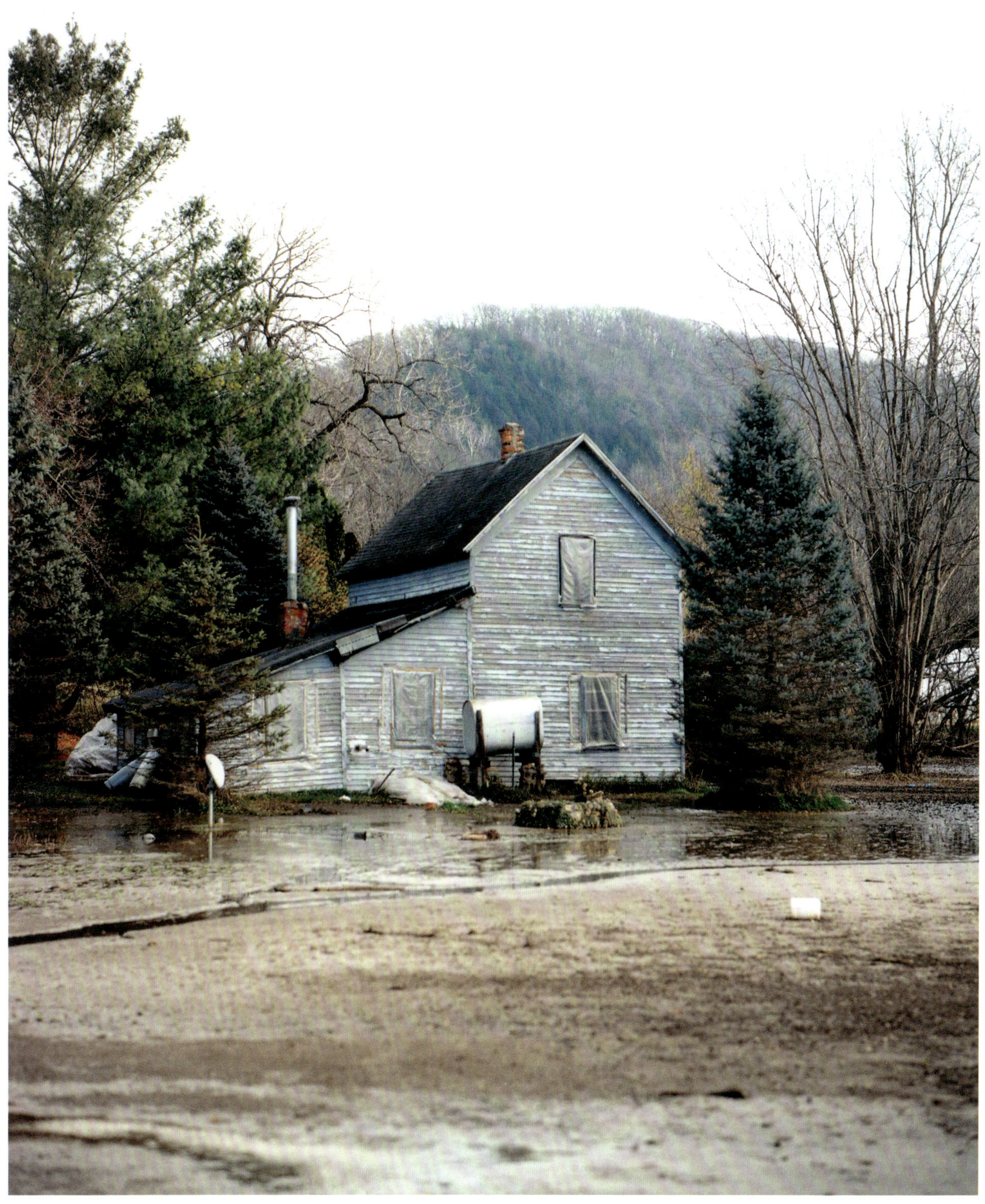

E 3

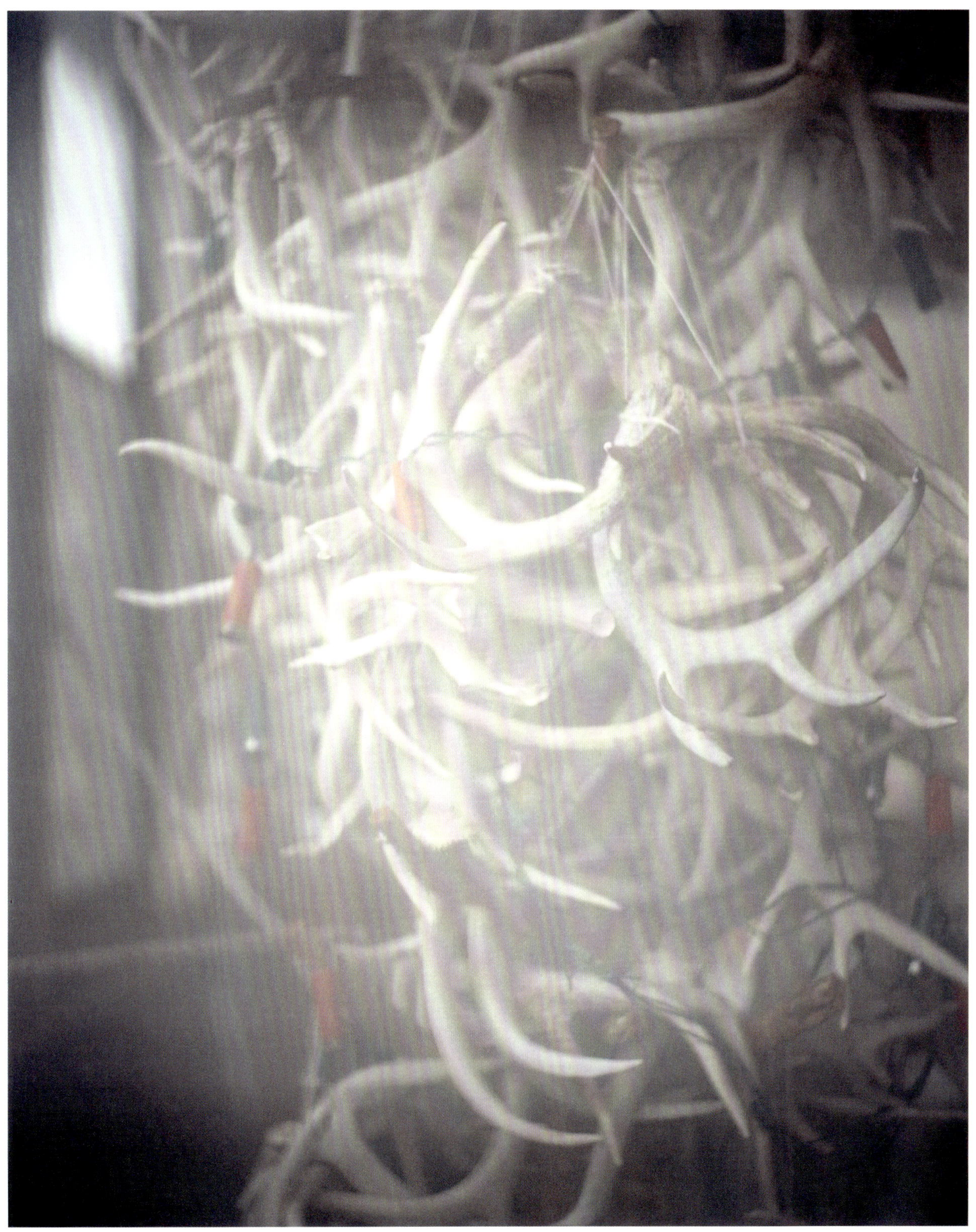

E 4

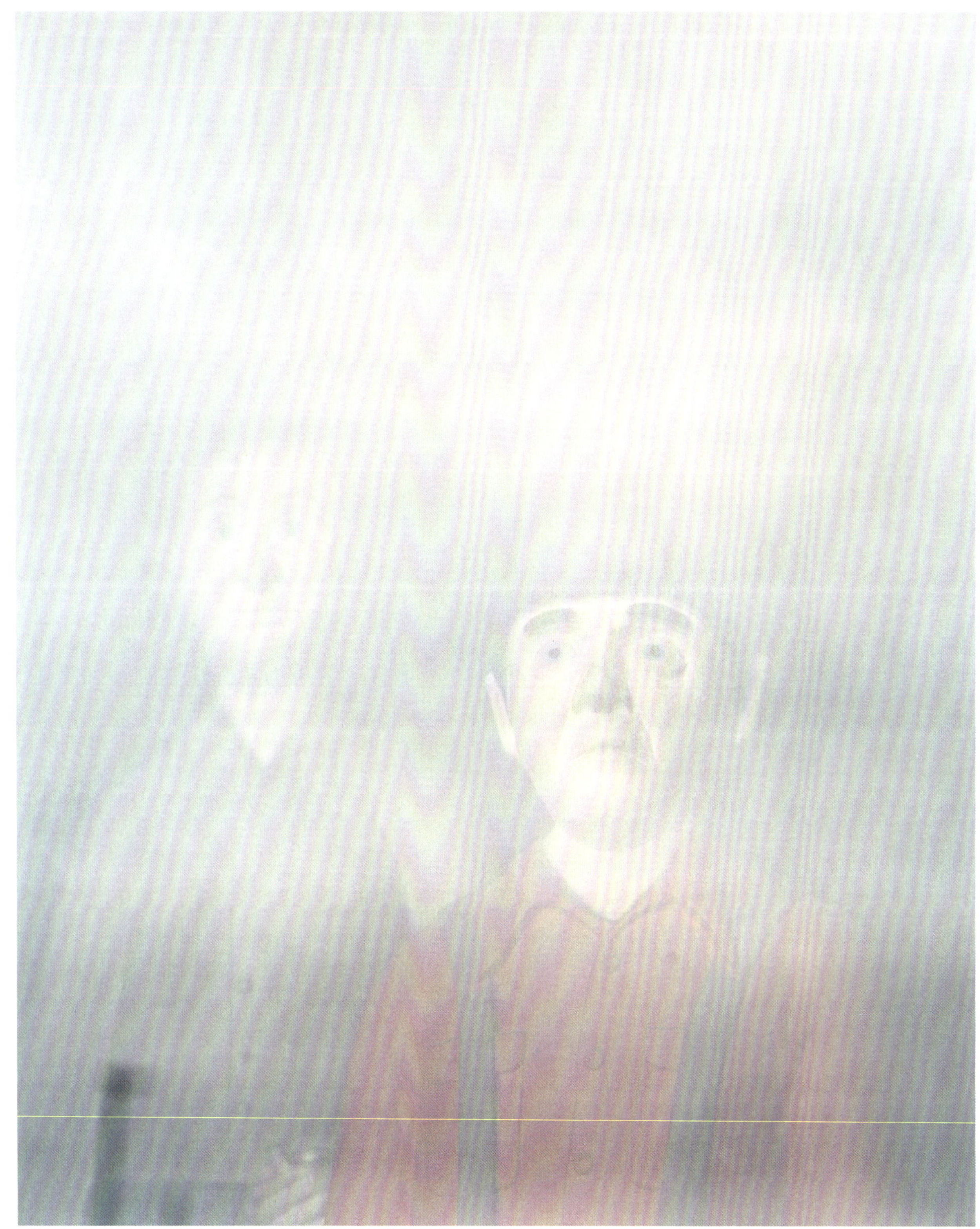

E 5

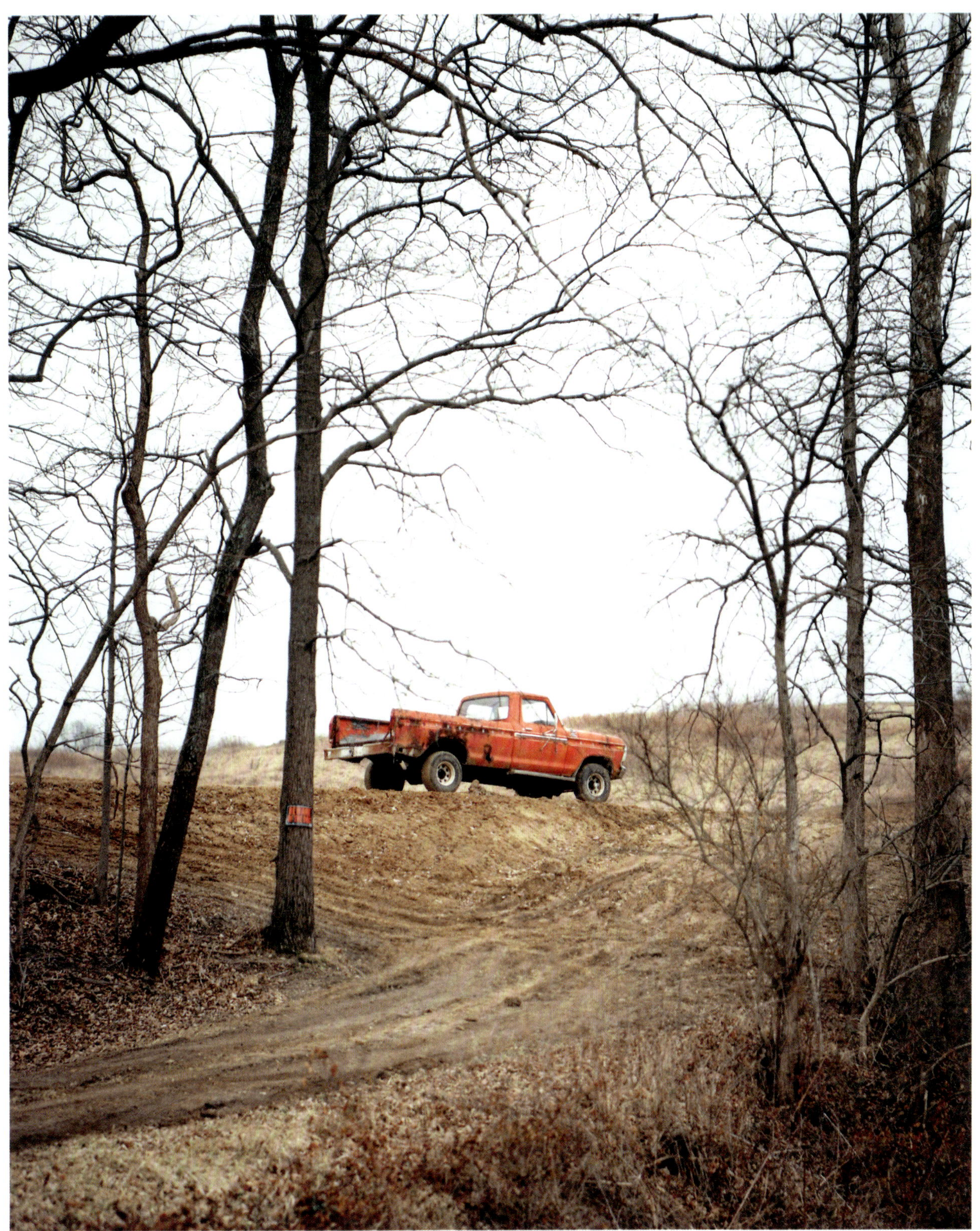

E 6

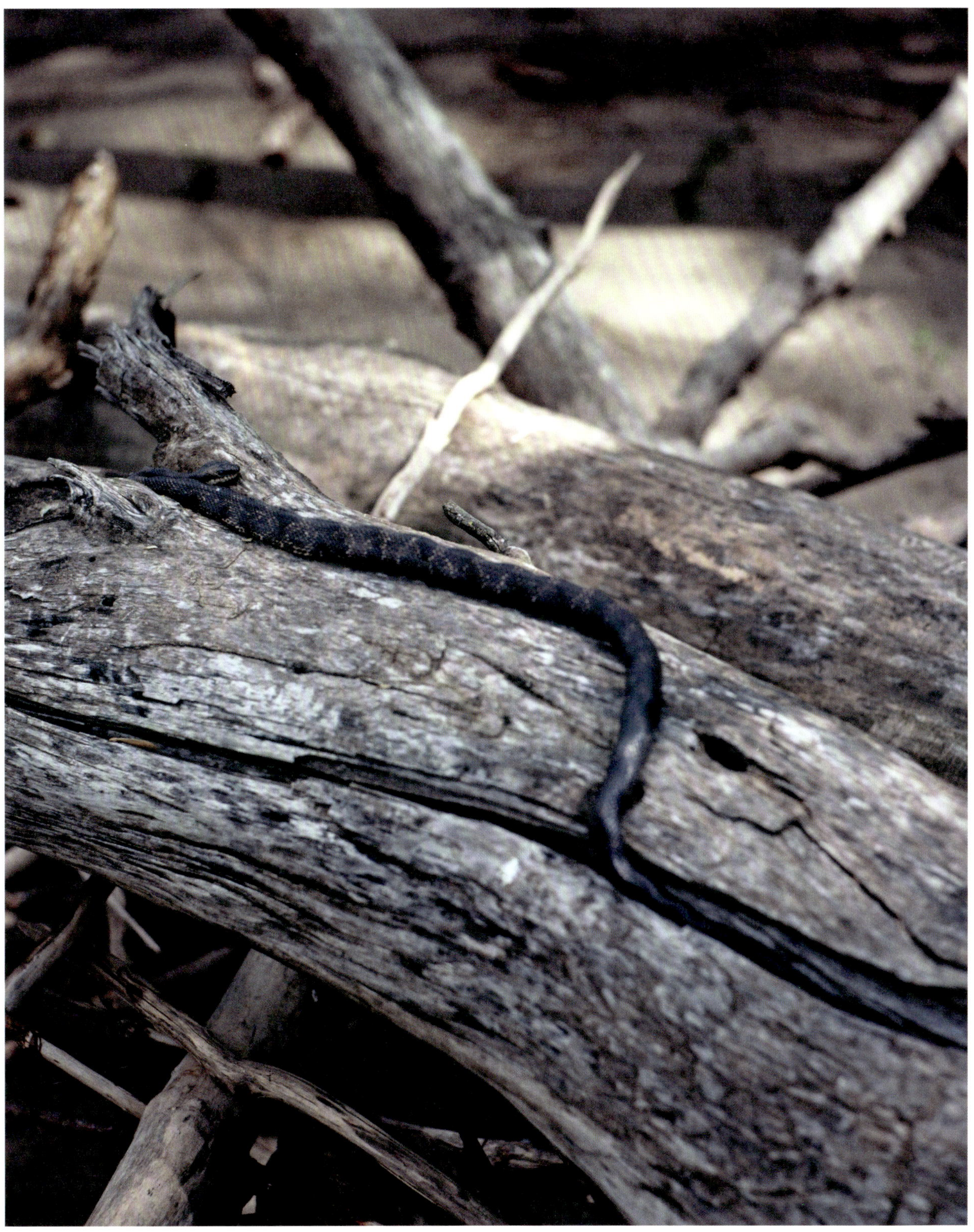

F 1

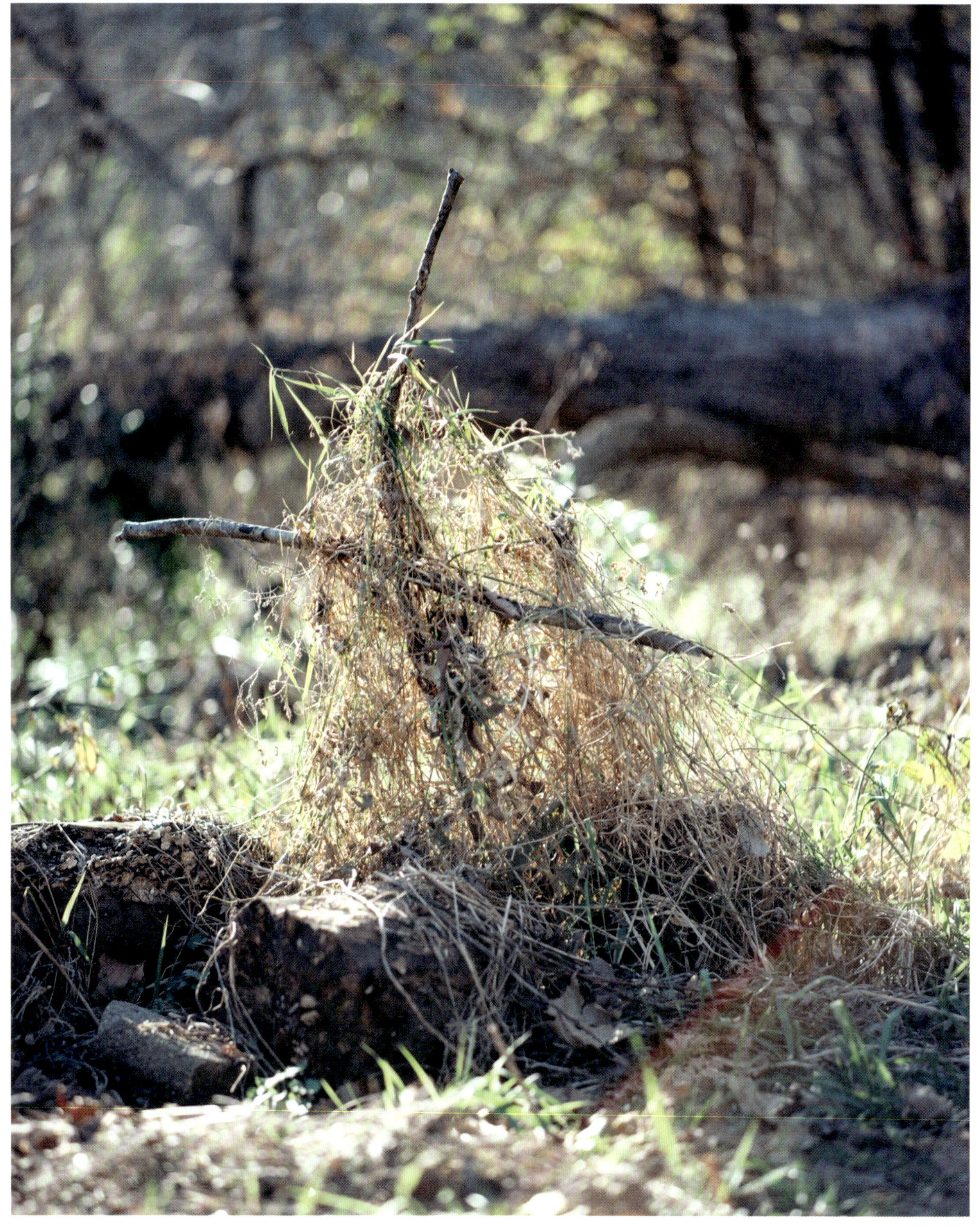

F 2

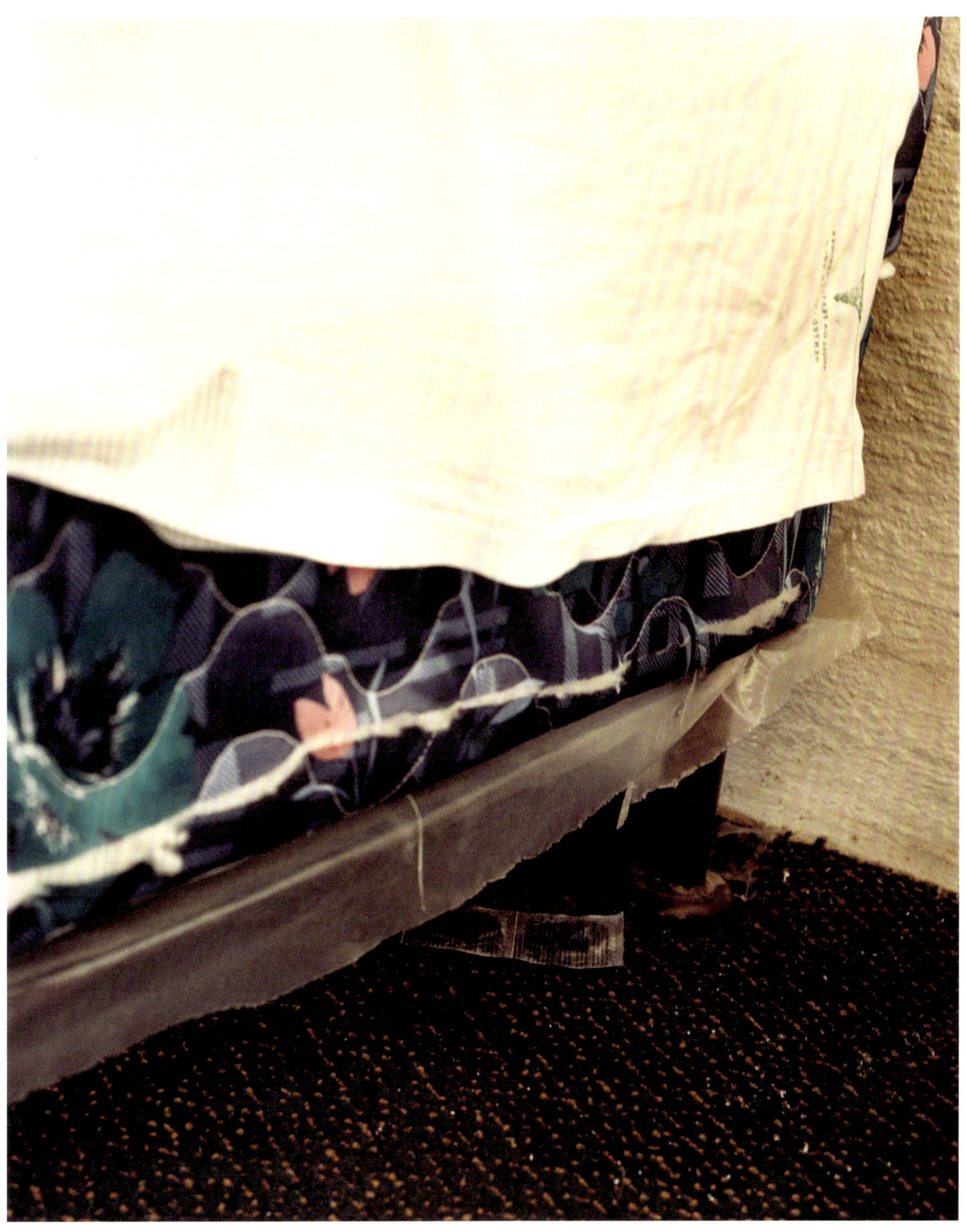

F3

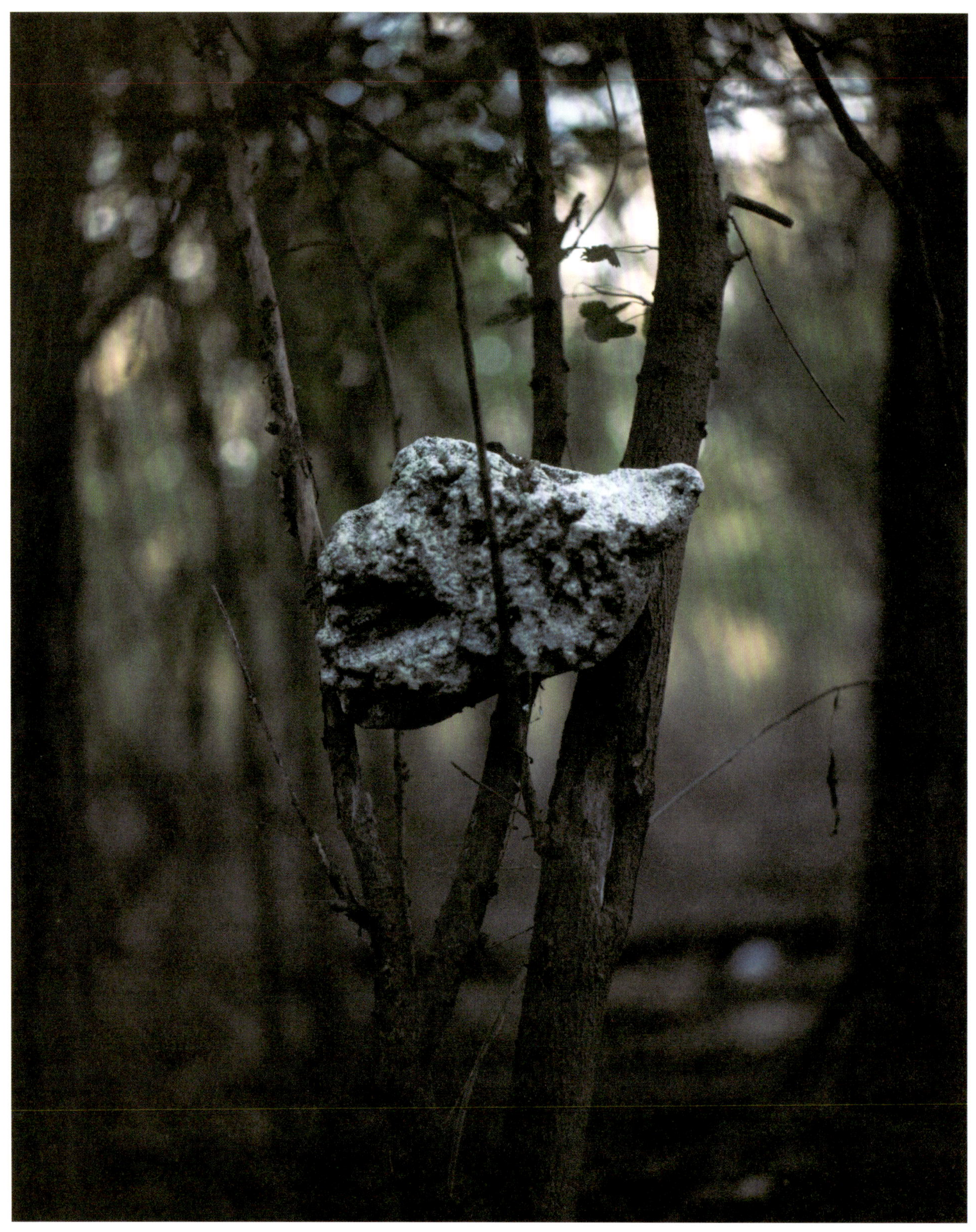

G 1

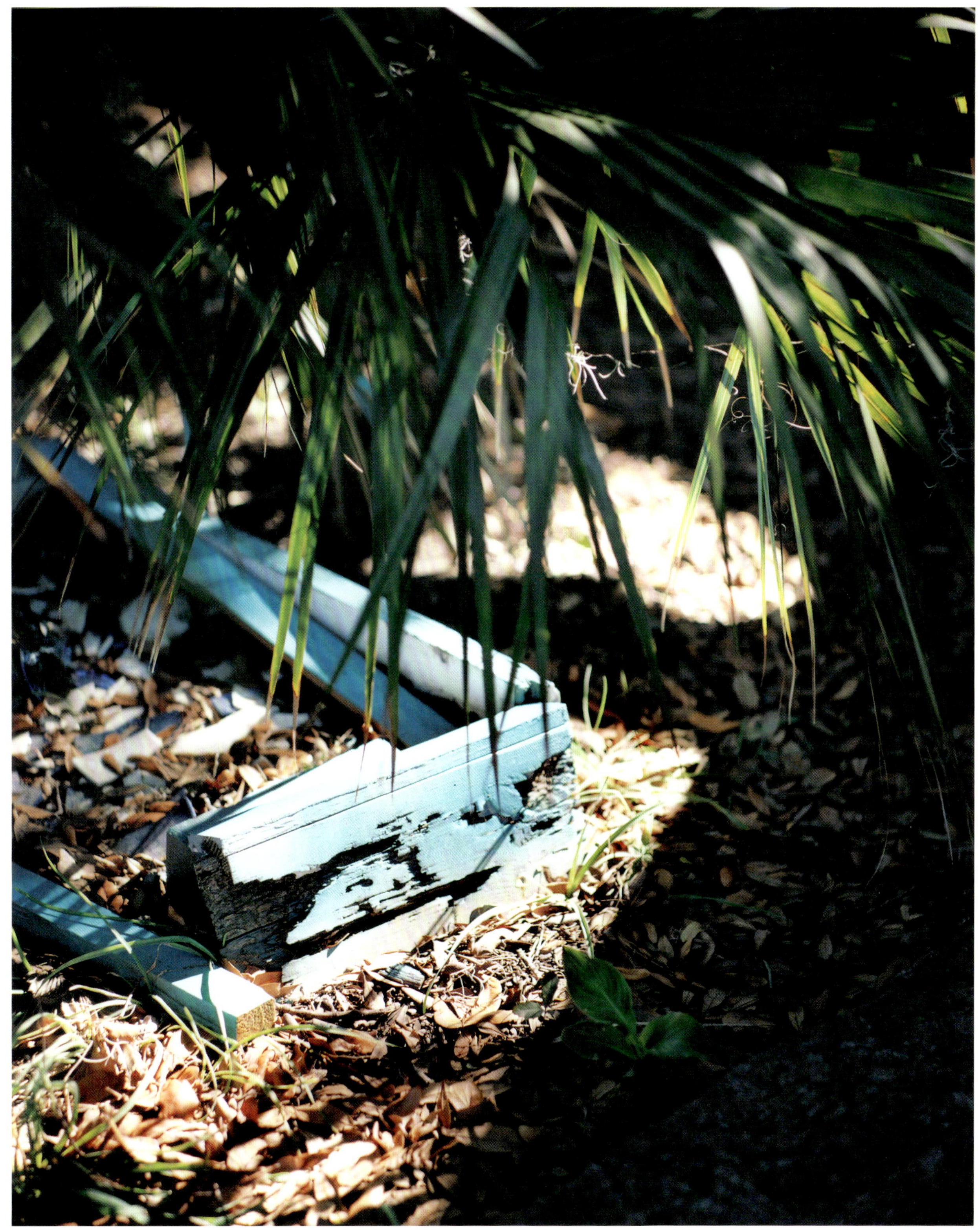

G 2

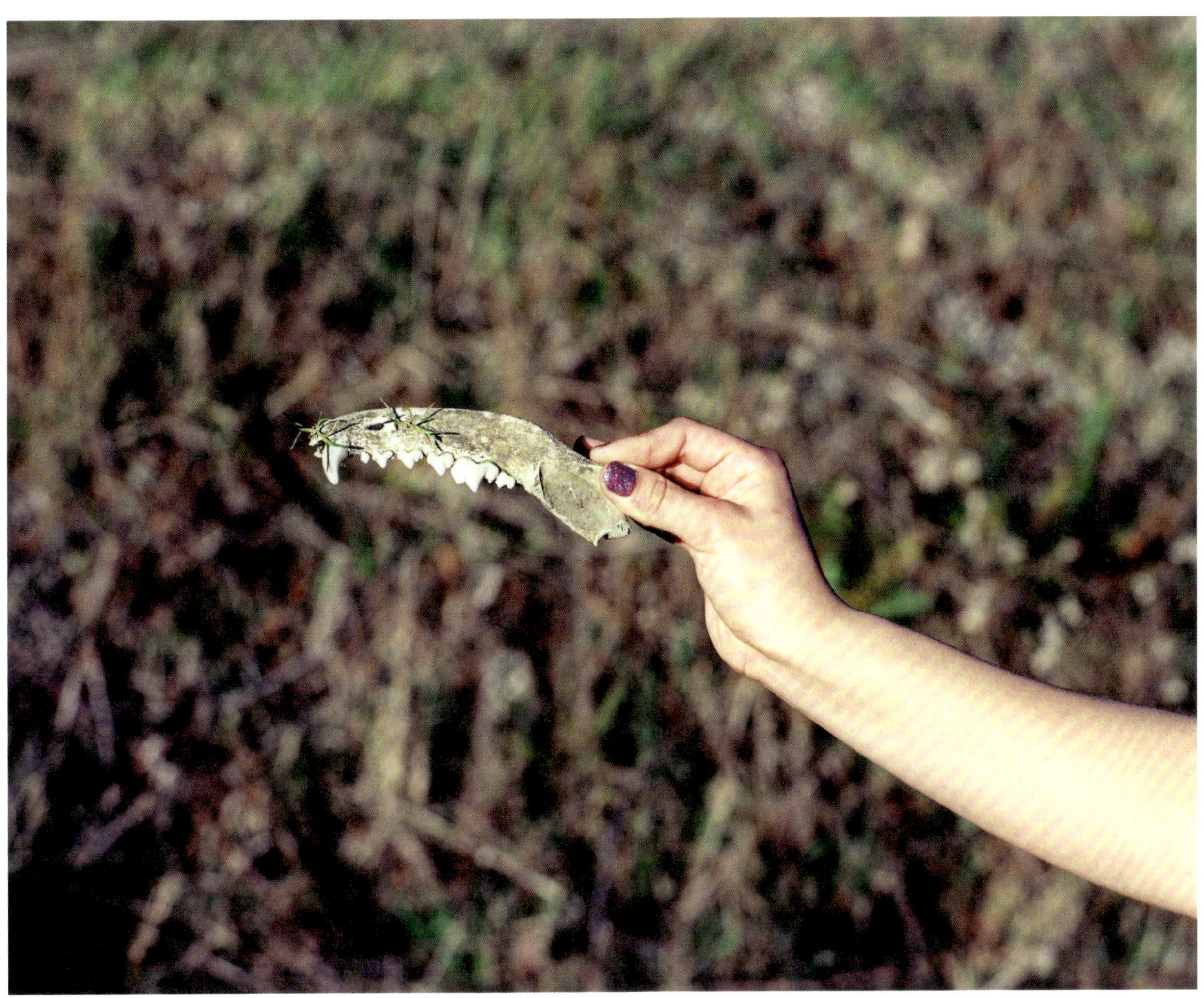

H 1

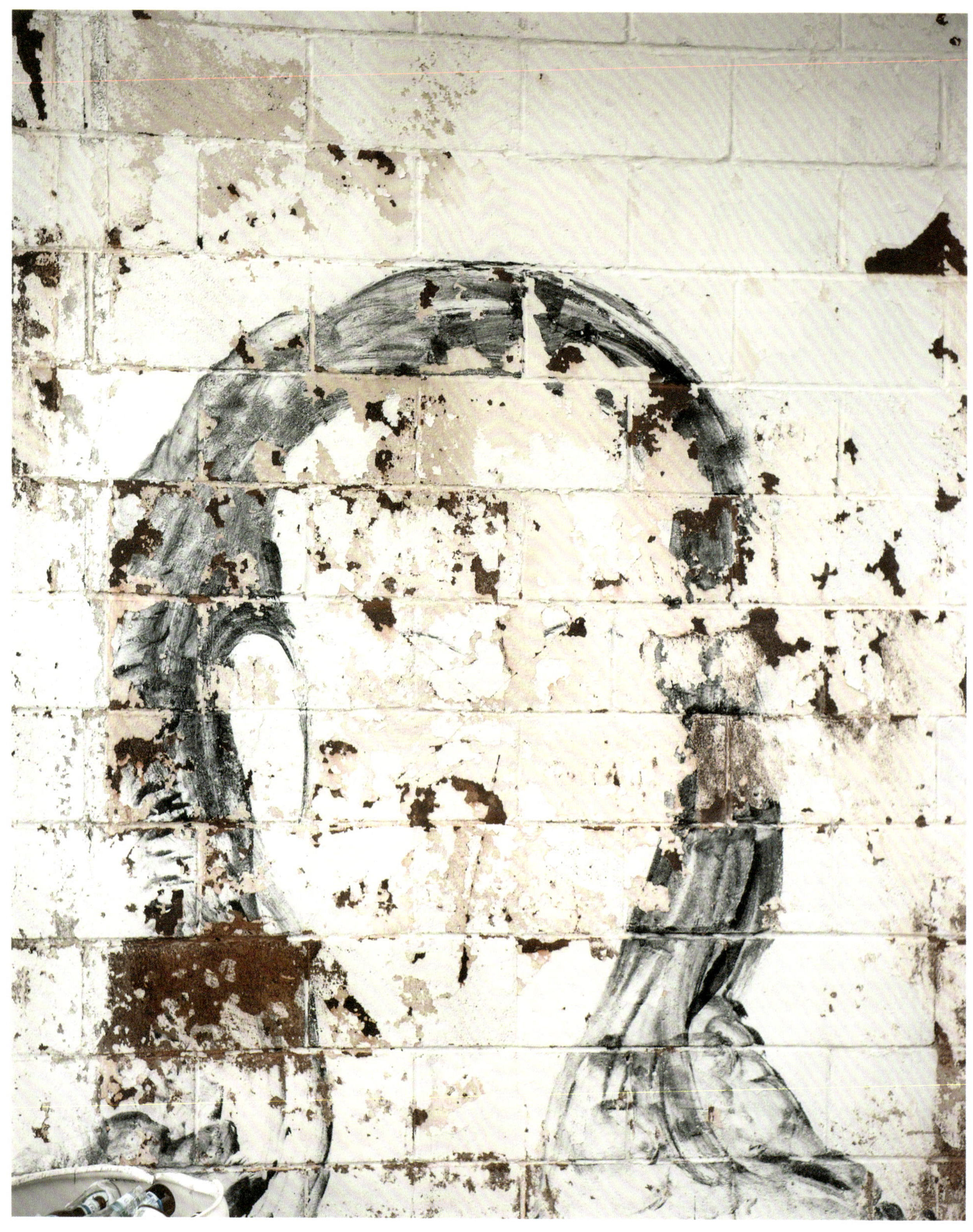

I 1

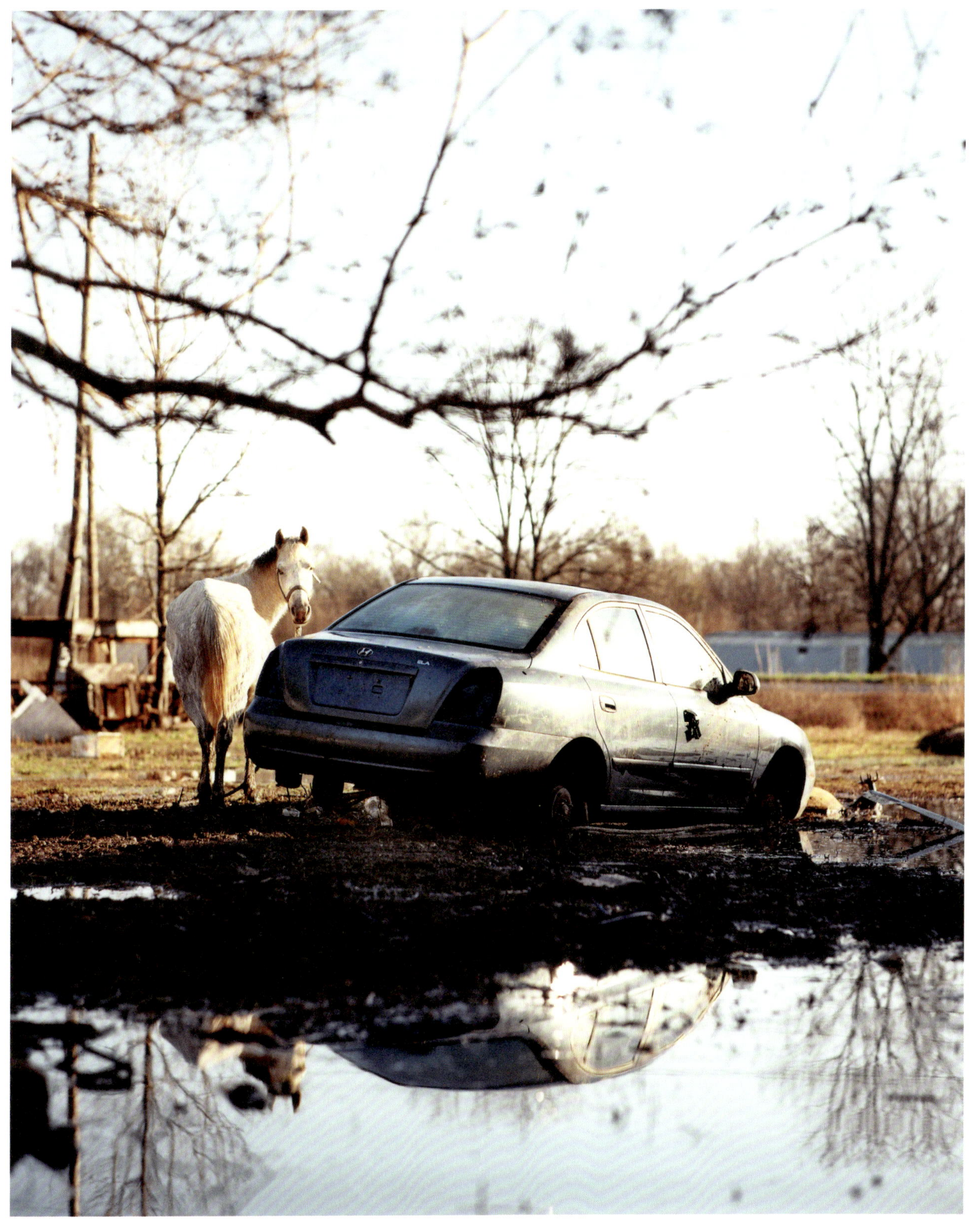

I 2

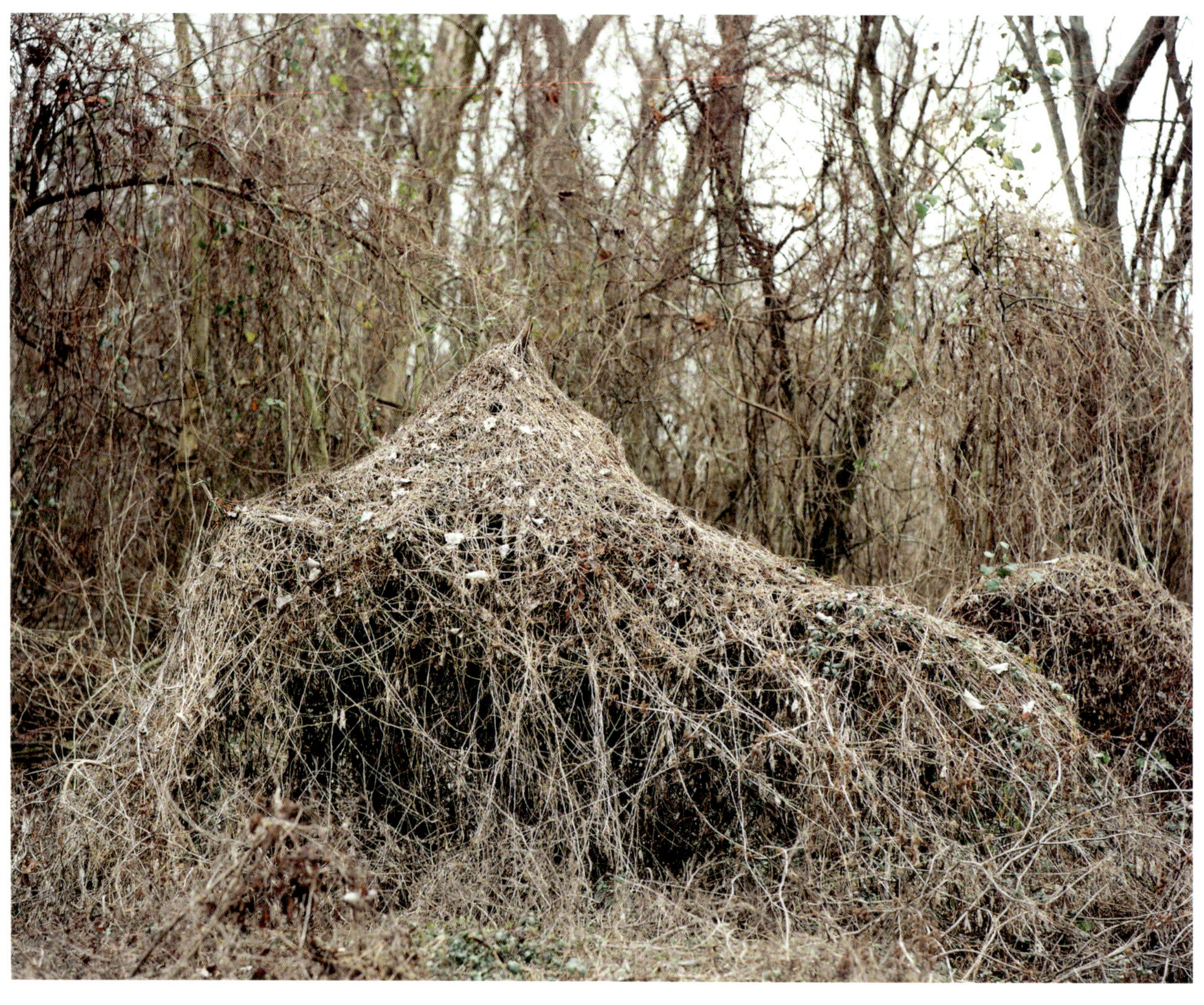

J 1

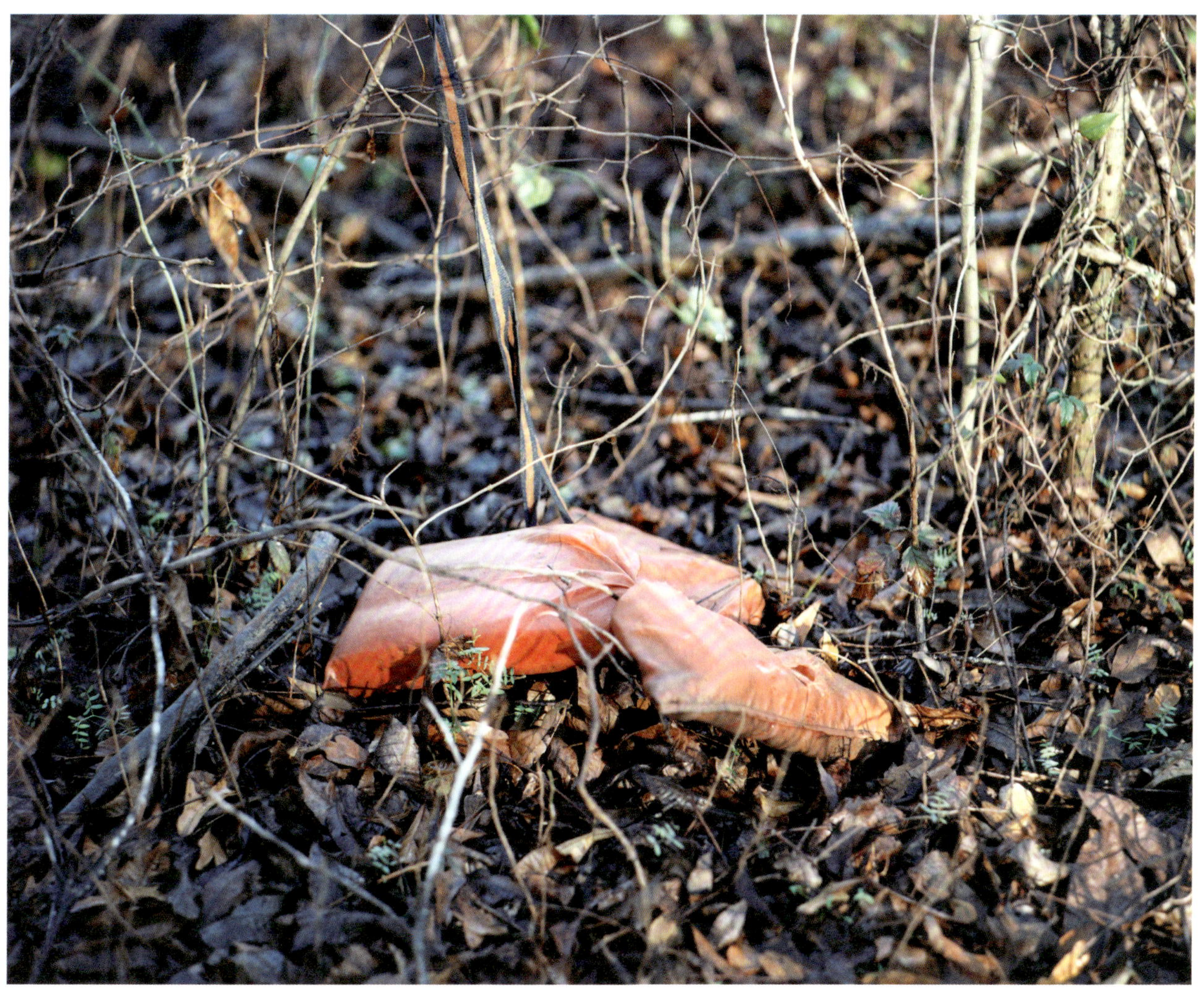

J 2

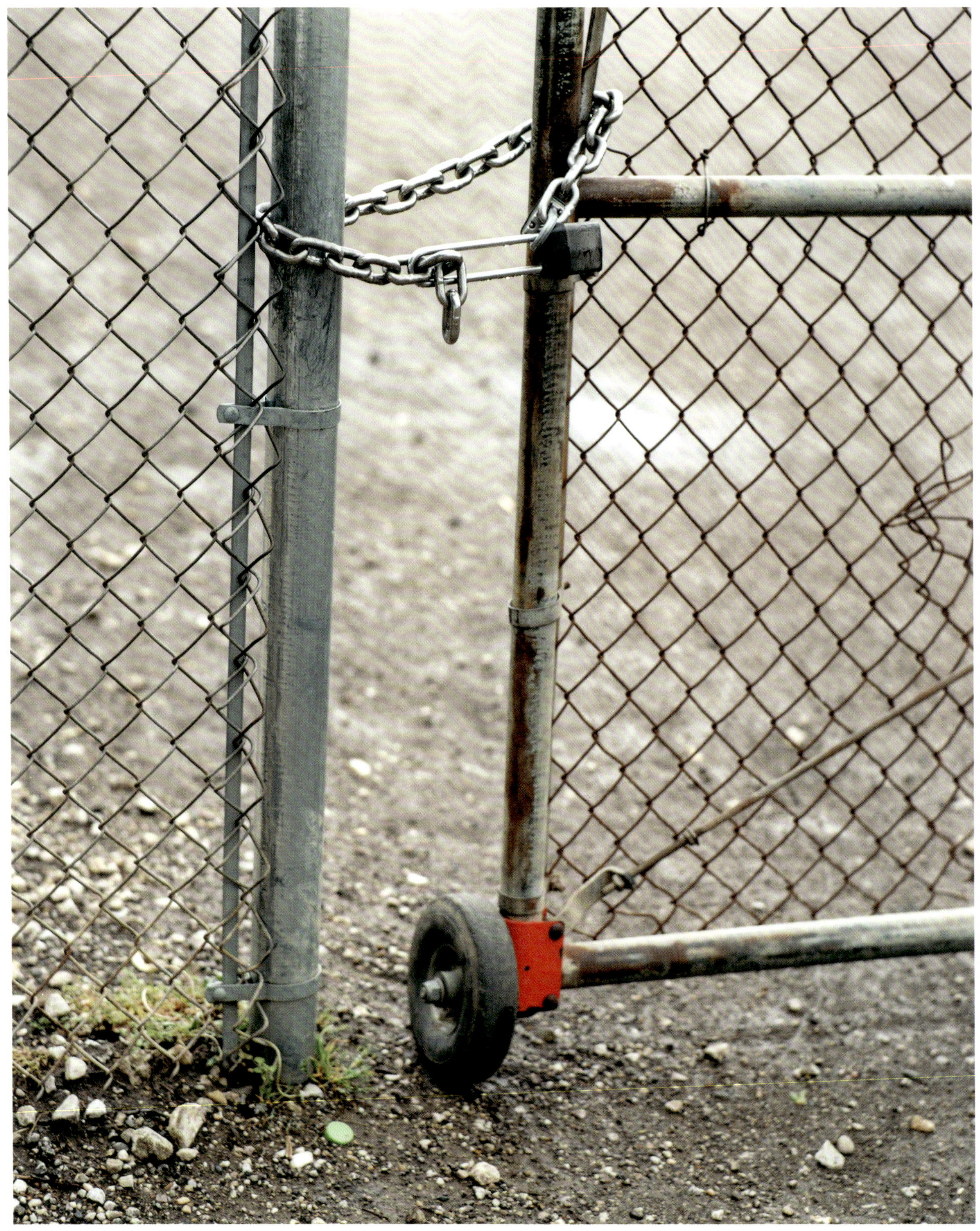

K 1

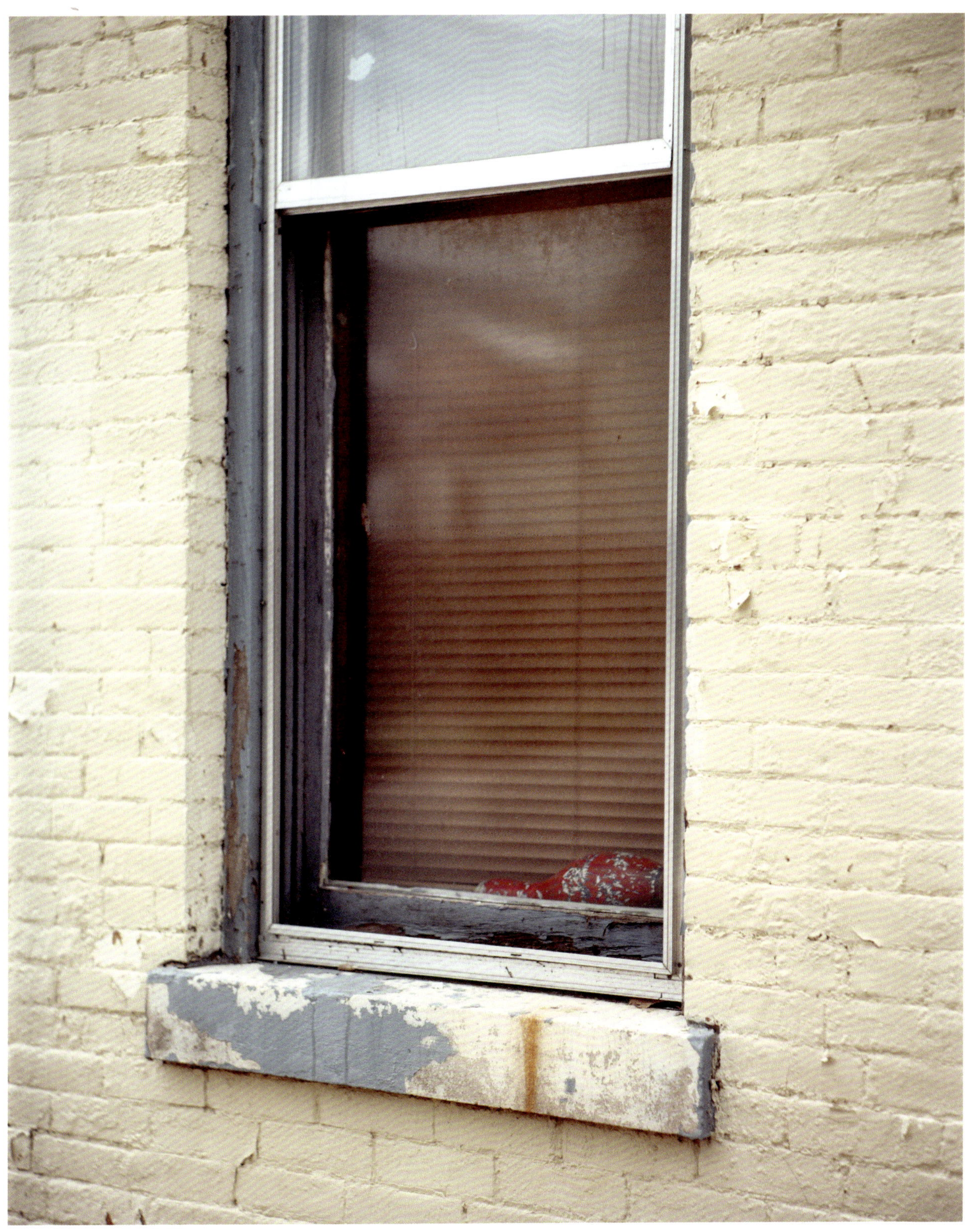

K 2

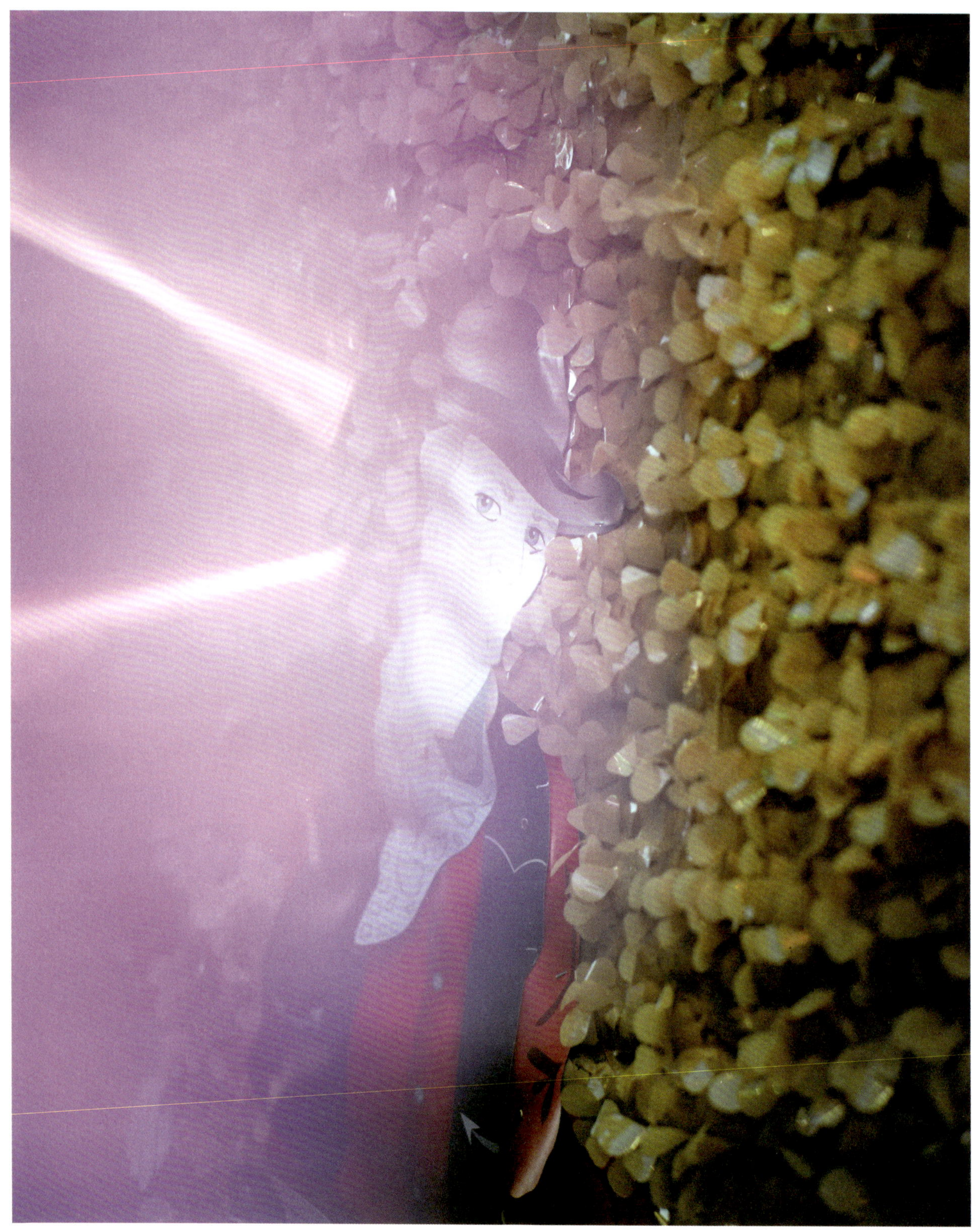

K3

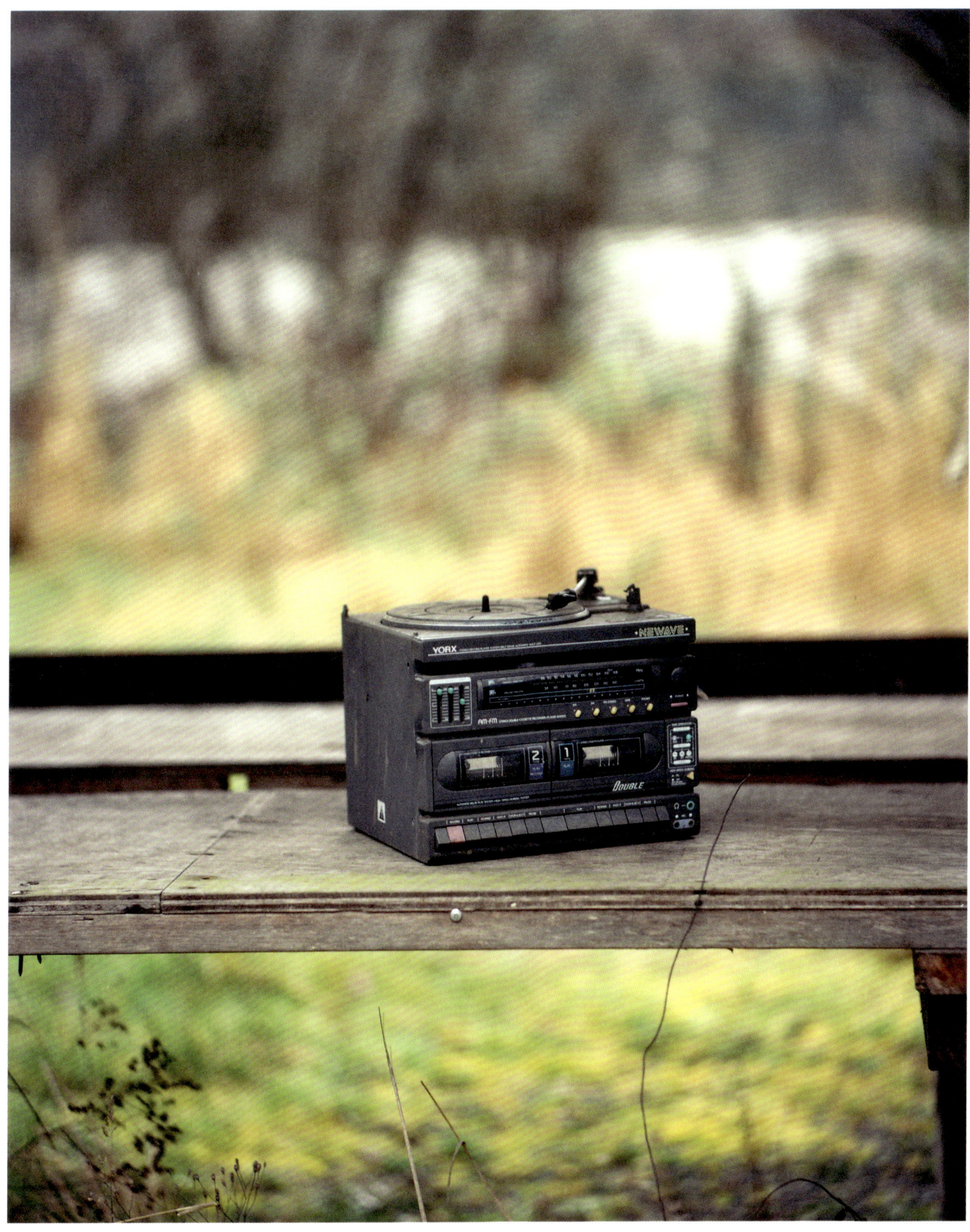

K 4

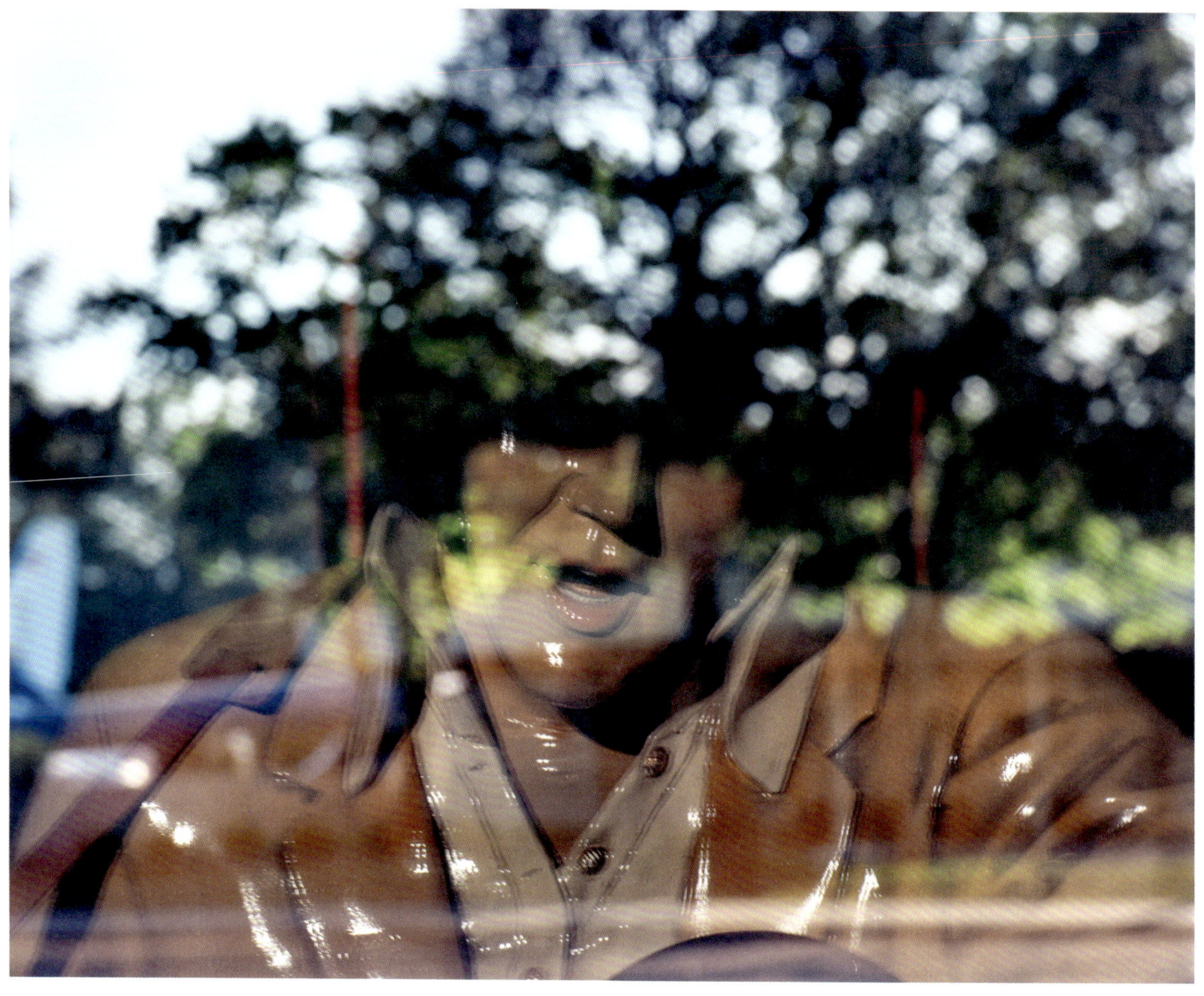

L 1

DJ
HT
LK 86
David
M.W.
HOOD RAT
NICK
T-BO
TABER
RP+YM
#1
DAVID J.
LIZZY

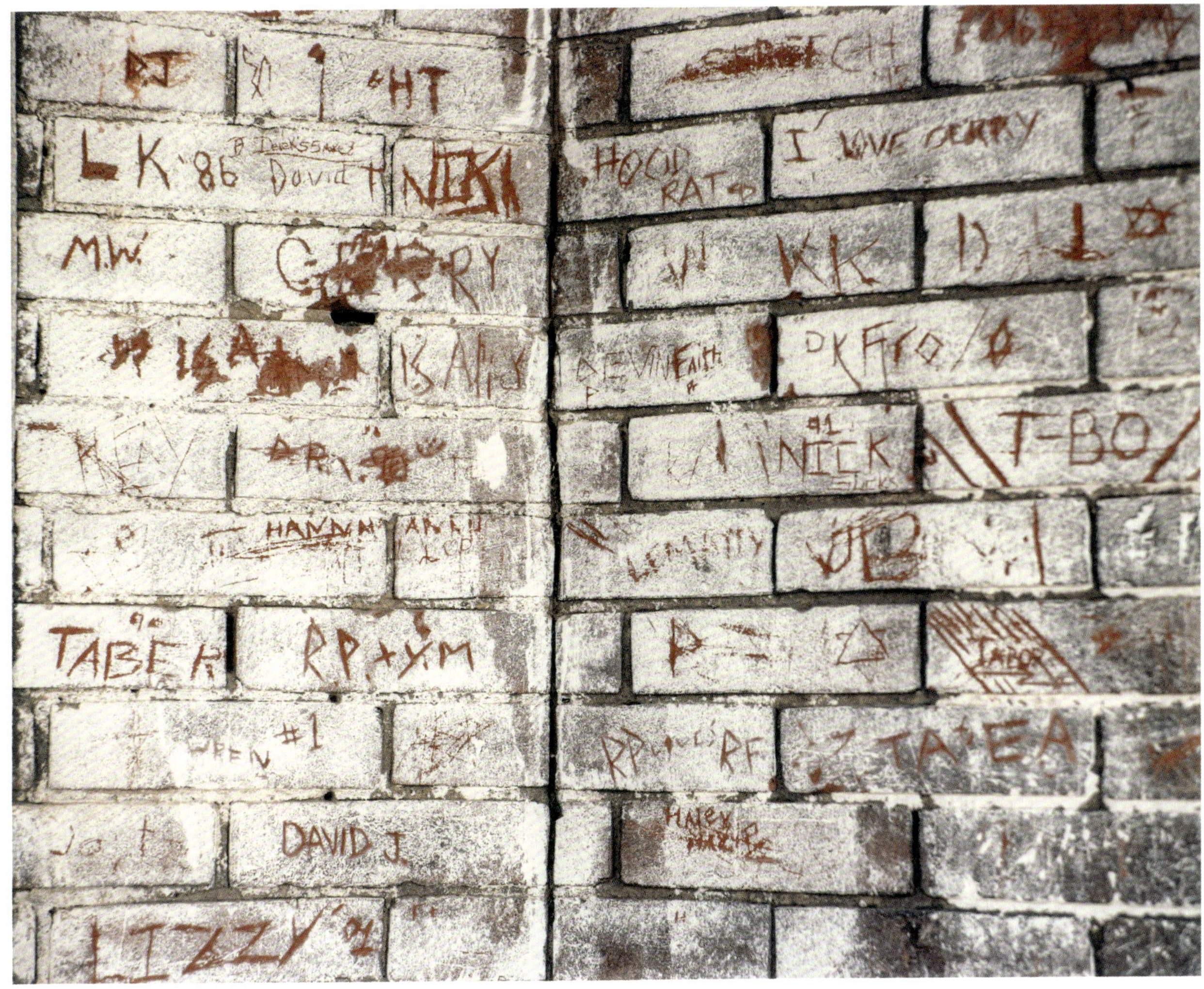

L 2

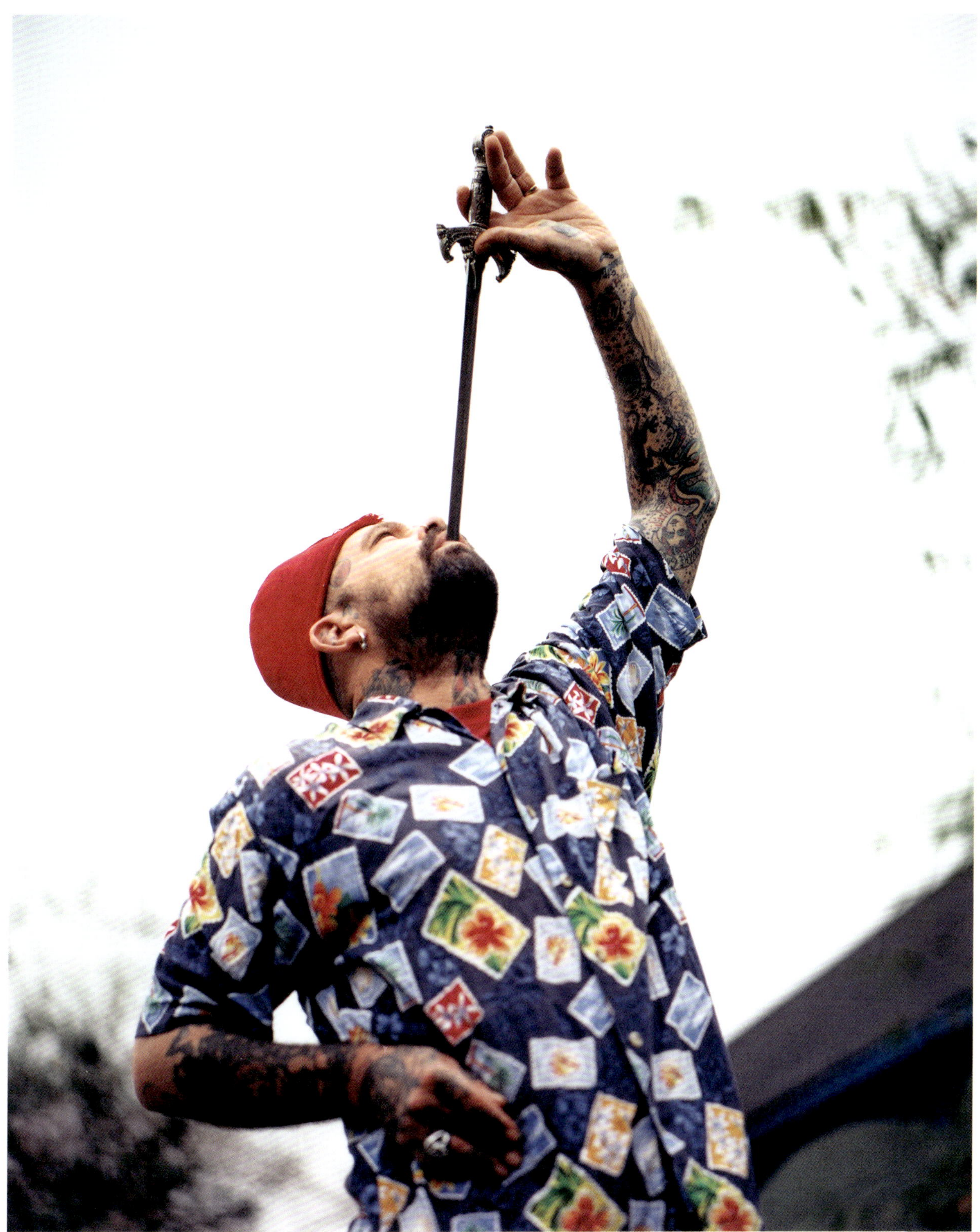

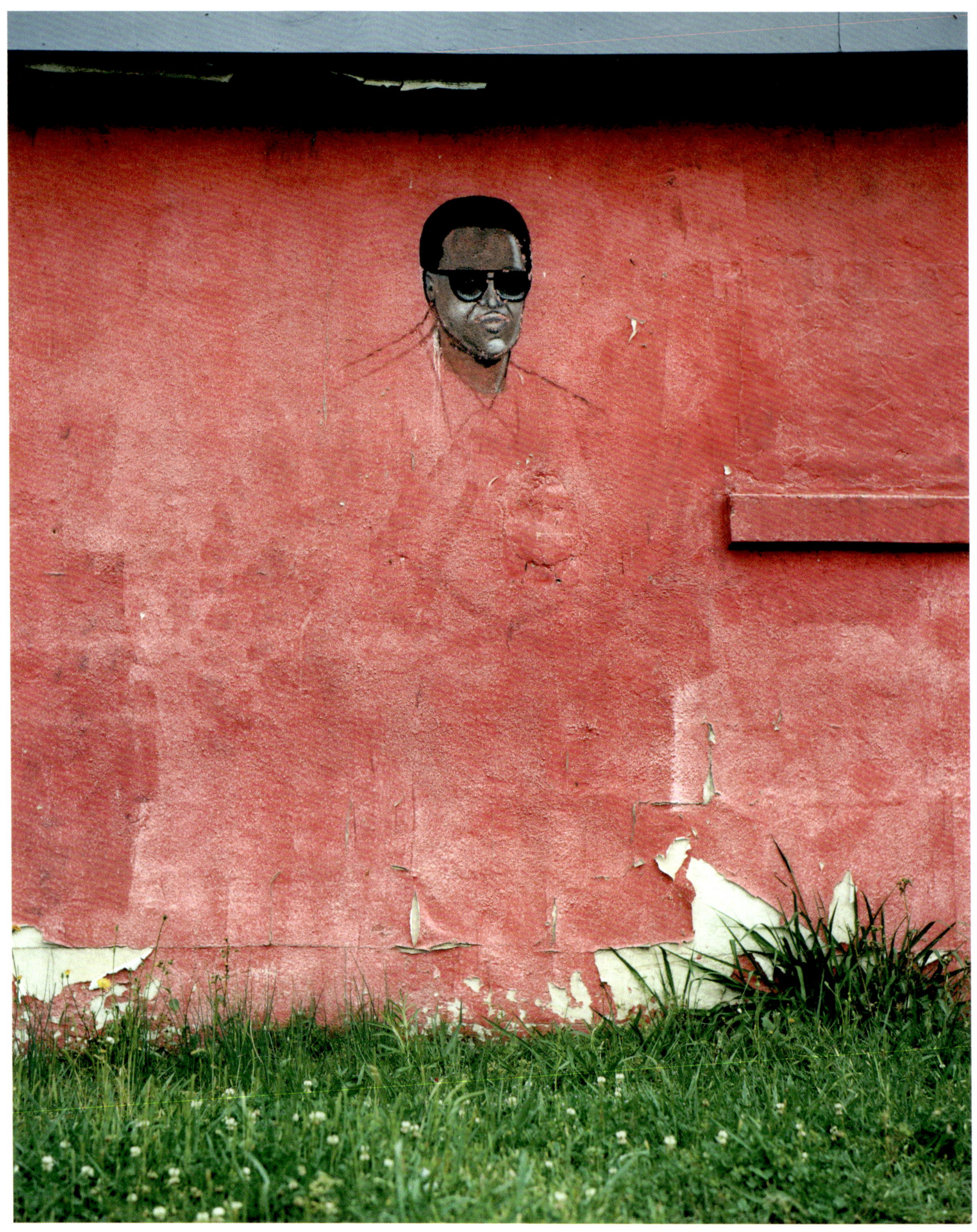

M 2

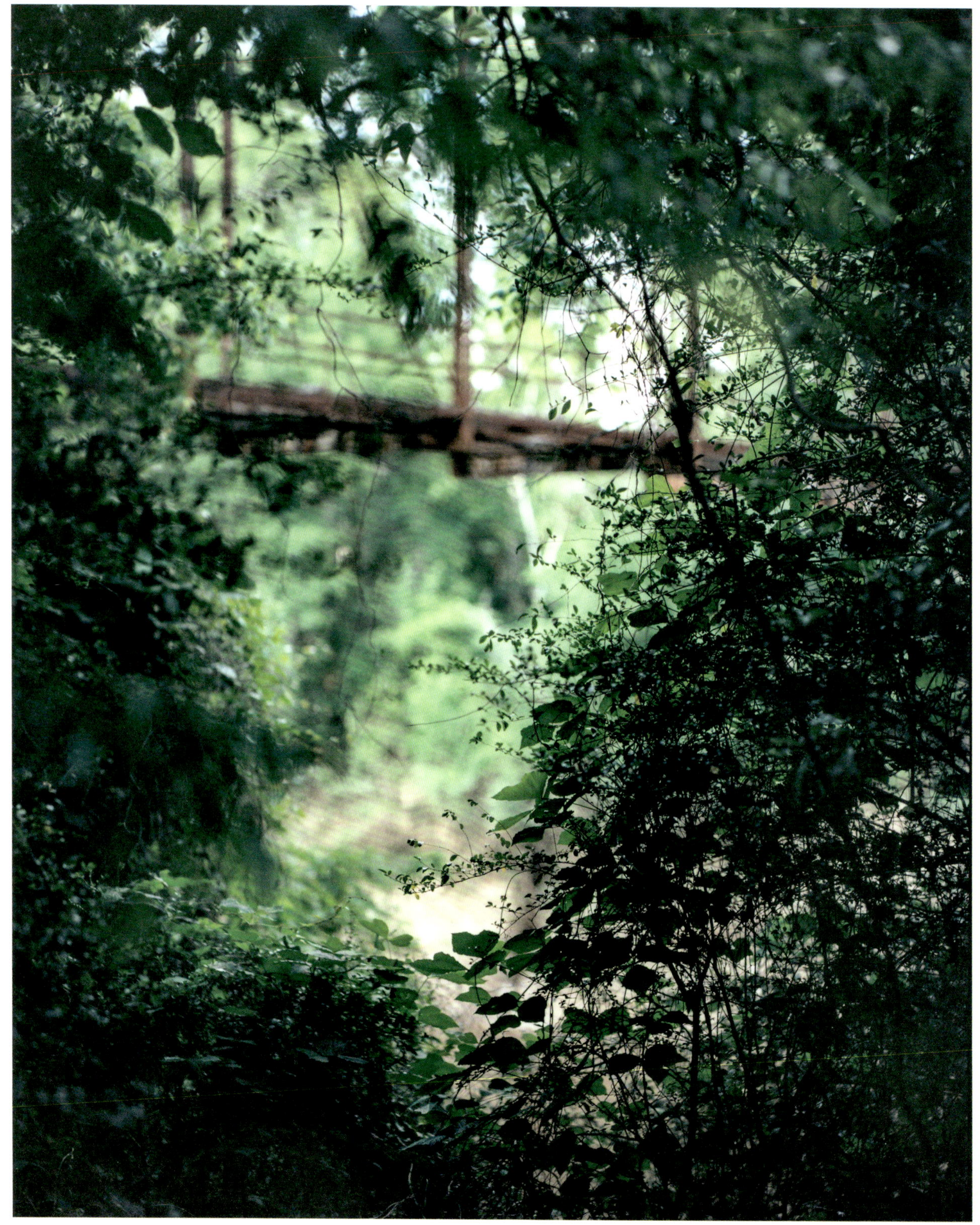

M 4

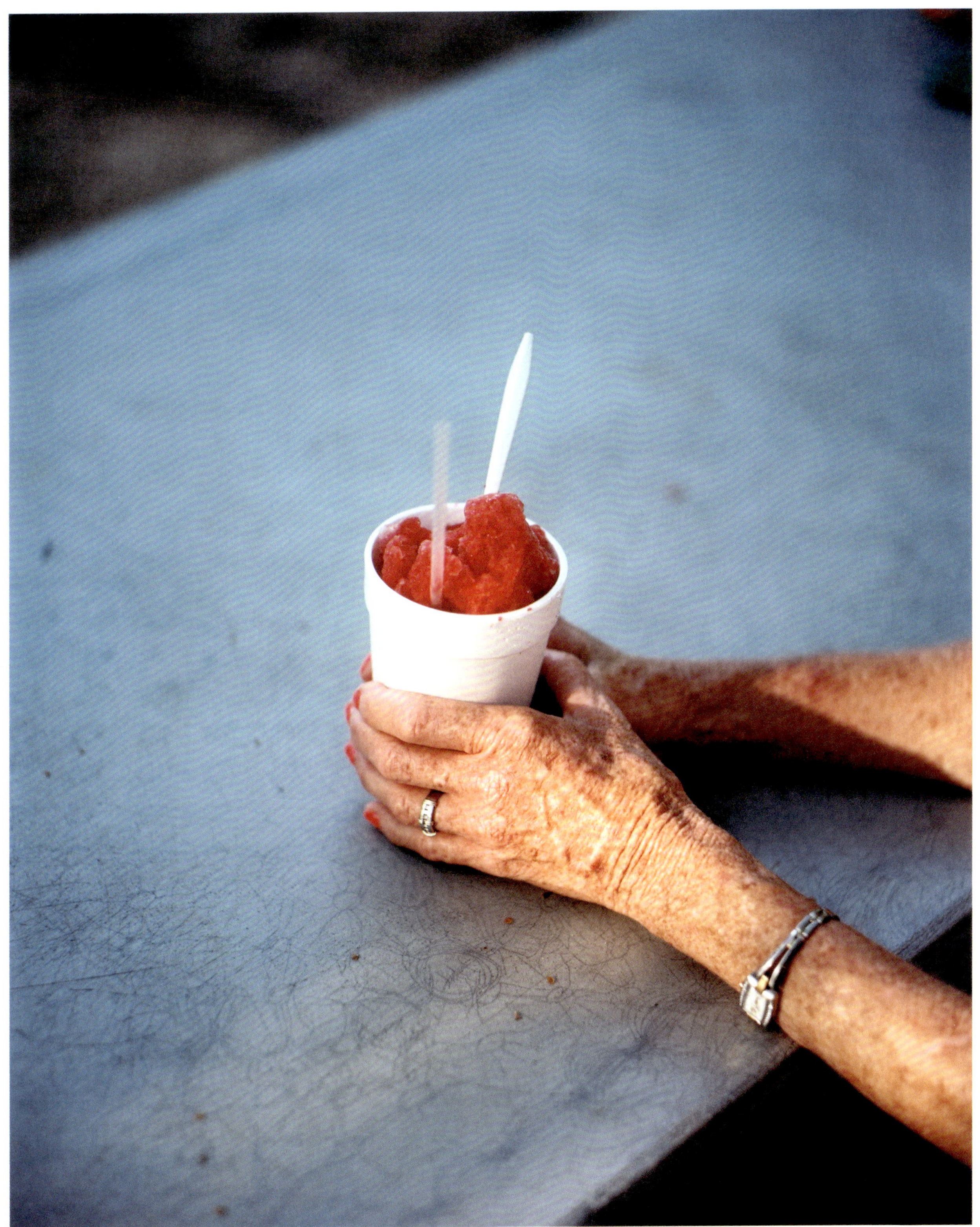

M 3

N 1

The Adventures of a White Middle Class Boy

Guido Faßbender

Halb vom Betrachter abgewandt steht ein Mann vor einem Holzzaun. Sein Blick durchsucht den Horizont einer Landschaft, die im Nebel versinkt. Das kollektive Bildgedächtnis des kunstinteressierten Mitteleuropäers spült unwillkürlich den *Wanderer über dem Nebelmeer* von Caspar David Friedrich ins Bewusstsein. Die Rückenfigur als romantisches Motiv und Kontemplationsangebot für den Betrachter. Der Mensch in stiller Zwiesprache mit der Natur und der transzendentalen Unendlichkeit. Nur ist jetzt ein verwitterter Zaun zwischen die Figur und die Ferne getreten. Und statt des Wanderstabs hält sie – erst auf den zweiten Blick erkennbar – in der rechten Hand einen langen Revolver. Wo die Figur bei Caspar David Friedrich eins wird mit dem erklommenen Felsen, wird sie nun eins mit dem Zaun, der sich im Muster des Hemds wiederholt. Das Durchwandern der Weite des Raums wird zur Verteidigung des angeeigneten, eigenen Lands; die romantische Kontemplation zur beständigen Erwartung der Gefahr.

Das Foto (E1) entstammt der 36-teiligen Arbeit *The Adventures of a White Middle Class Man (From Black Hawk to Mother Leafy Anderson)*, 2016/17 von Cyrill Lachauer und ist eins von drei Bildern, bei denen eine Person im Zentrum steht. Das zweite (B2) zeigt eine Frau in Rückenansicht vor einem Fenster. Ein nicht minder beliebtes romantisches Motiv, auch hier wieder Caspar David Friedrich, *Frau am Fenster*: Eine Dame schaut aus der sicheren Distanz der oberen Etagen eines Hauses durch ein geöffnetes Fenster auf ein Gewässer mit Segelschiffen. Der Schauplatz bei Cyrill Lachauer ist nun das Innere eines Hausboots. Durch das verschlossene Fenster bricht eine gleißende Helle in den Raum und durchdringt die langen Haare der Frau, die sie sich – wie Loreley auf dem Rheinfelsen in einem Märchen aus uralten Zeiten – versonnen und verführerisch mit einer Bürste zur Seite streicht. In Sehnsucht und Erwartung von Aufbruch und Untergang folgt das Innere ihres Blicks dem Vorbeiziehen der Schiffe, des Flusses und der Zeit. Aus der Sicherheit der festen Behausung wird ein mobiler, ortloser Ort, der im vagen Zwischenzustand des Anlegens als Vorhölle verharrt.

Das dritte Personenfoto (M1) zeigt einen bis zum Gesicht tätowierten Mann, der gerade ein Schwert verschluckt. Aus extremer Untersicht aufgenommen und frontal der Kamera zugewandt posiert er zwischen dem Betrachter und einem grauen, trostlosen Himmel. Sein Hemd ist mit bunten Postkarten bedruckt, die Palmen und Strände zeigen, Klischeeorte der Sehnsucht nach einer fernen, heilen Welt. Als Schwertschlucker reiht er sich ein in das fahrende Volk der Schausteller, die sich selbst als Reisende bezeichnen. In einer Mischung aus Faszination und Schauer unterbricht ihr Erscheinen das alltägliche Leben der Sesshaften und suggeriert ihnen die Möglichkeit eines ganz anderen, wilden und freien Lebens.

Die anderen Fotografien der Serie: modrige Pfade, in sandige Erde gefahrene Spuren, ein Wagen ohne Räder, ein verlassenes Haus, von nassen Senken eingefasst; dann improvisierte Behausungen, Lagerstätten, Schutzräume, Verstecke, temporäre Orte des Verweilens und Durchgangs durch eine verbrauchte, allmählich verfallende Landschaft. Es sind Nebenschauplätze, unscheinbare, übersehene und gewöhnlich als unbedeutend übergangene Orte. Durch die Aufmerksamkeit, die ihnen nun zuteilwird, und ihre Transformation in ein präzise komponiertes Bild, verwandeln sie sich in Allegorien für die Entwicklung und den Untergang einer ganzen Epoche und erscheinen dabei zugleich wie romantische Landschaftsbilder. Denn auch hier finden sich wieder viele beliebte Schauplätze und Symbole der Romantik: nebelverhangene Seen, Denkmäler, Ruinen, Höhlen, der kahle Baum und das christliche Kreuz in der Weite der Landschaft.

Daneben finden sich in der Serie immer wieder Nahaufnahmen unscheinbarer Details. Meist zentral ins Bild gesetzt, einige von der Sonne wie ausgeleuchtet, andere in minimaler Schärfentiefe aus der unscharfen Umgebung herausgehoben, tauchen sie im Bild auf wie plötzliche Erscheinungen. Und schließlich entdeckt man auch in den anderen Bildern nach und nach Details, die der erste Blick zunächst übersehen hat: So ist der Höhleneingang (B1) durch ein im kahlen Gestrüpp verborgenes Baugitter versperrt; auf dem liegenden Baumstamm (F1) schlängelt sich eine Giftschlange[1] und aus dem leuchtend grün umwucherten Unterholz (M4) geht der Blick nicht nur auf eine Lichtung ins Freie, sondern trifft auf eine rostige Eisenbahnbrücke, die im Hintergrund unscharf im Zentrum des Bilds erscheint.

Formal und zum Teil inhaltlich knüpft die Fotoserie an die Arbeit *Full Service – From Walker River to Wounded Knee* von 2014/15 an.[2] Beide Werkreihen entstanden während längerer Reisen in den USA und könnten als subjektive Reiseberichte, allegorische Landschaftsporträts, postkolonialer Diskurs oder Ergebnisse eines Feldforschungsprojekts gelesen werden, entsprechen jedoch keinem dieser Zuschreibungsversuche eindeutig. Auch wenn sie damit spielen.

Den formalen Ansatz der beiden Serien beschreibt Cyrill Lachauer als Idee, Landschaft über ihre sichtbare Gestalt als physischer Raum hinaus als einen Erzählraum zu verstehen:

„*Ausgangspunkt war vor allem die Idee und Frage nach einer erzählenden Landschaft. Mein Landschaftsbegriff schließt alles sich in einem bestimmten Raum befindliche ein: physische Landschaft, materielle Kultur, Menschen, Tiere, Atmosphäre, Einschreibungen und Leerstellen. Landschaft ist also ein Raum, in dem alle Teile, belebt wie unbelebt, von einer Sache erzählen – von einer bestimmten Kultur, einer bestimmten Geschichte oder einer bestimmten Spiritualität. Dabei hat mich die explizite Geschichtserzählung weniger interessiert, zumal sie in den USA nach wie vor aus der Sicht der Weißen geschrieben wird. (…) Mich interessierte vielmehr die schweigende Dimension von Geschichte, die sich in Form von kleinen Spuren zeigt, in Dinge eingeschrieben ist, die Menschen geprägt hat, ohne dass sie für sie artikulierbar ist, und zu der man durch Erfahrung Zugang bekommt.*“[3]

Neben der Idee von einer erzählenden Landschaft entwickelte Cyrill Lachauer, einer ethnologischen Feldforschung vergleichbar, für jede Serie eine spezifische inhaltliche Fragestellung – ohne diese jedoch eindeutig auszuformulieren. In *The Adventures of a White Middle Class Man (From Black Hawk to Mother Leafy Anderson)*, deren Aufnahmen alle entlang des Mississippi entstanden sind, zeigt – oder besser verbirgt – sich die Fragestellung als poetisch verdichteter Code, der sich den Fotografien als Titel voranstellt. Über die ästhetisch immanente Anschauung der Fotografien hinaus eröffnet Cyrill Lachauer damit einen zusätzlichen, in Bezug auf die Motive transzendenten Deutungsraum, der jedoch selbst der Deutung bedarf. Je nach Lesart könnte er als Benennung einer Epoche, geografisches Gebiet, realer oder fiktiver Reisebericht oder Beschreibung einer Seelenwanderung verstanden werden. Zu den jeweiligen Lesarten kommt man jedoch nur, wenn man sich mit allen benannten Teilen des Titels genauer beschäftigt, sie in ihrer inhaltlichen Bedeutung interpretiert und als Bestandteile einer gemeinsamen Struktur aufeinander bezieht: So ist Black Hawk (Schwarzer Falke) der Name eines Greifvogels, nach dem der Häuptling der Sauk- und Fox-Indianer benannt wurde, der sich Anfang des 19. Jahrhunderts letztlich erfolglos gegen die Vertreibung seines Volks aus den Gebieten östlich des Mississippi nach Westen zur Wehr setzte. Zugleich bezeichnet Black Hawk diverse US-amerikanische Kampfflugzeuge und Kriegsschiffe und zahlreiche Orte und Gemeinden in den Vereinigten Staaten. Mother Leafy Anderson war eine afroamerikanische Spiritistin und Kirchengründerin. Sie ist 1887 im Bundesstaat Wisconsin geboren, in dem auch Black Hawk zeitweise lebte. 1918 übersiedelte sie nach New Orleans und gründete dort die Spiritual-Church-Bewegung, eine Vereinigung von überwiegend afroamerikanischen Kirchengemeinden, die die Auffassung vertreten, dass es mit Hilfe eines Mediums möglich ist, mit den Seelen Verstorbener zu kommunizieren. Während ihrer Messen nahm Mother Leafy Anderson im Trancezustand angeblich Kontakt mit dem Häuptling Black Hawk auf, der durch sie sprach und auf diese Weise zum geistigen Führer der Spiritual Church in New Orleans wurde. Der Anfang des Titels erinnert dagegen an den Roman von Mark Twain: *The Adventures of Huckleberry Finn*, der Mitte des 19. Jahrhunderts in dem fiktiven Ort St. Petersburg in Missouri spielt. Das Buch bietet eine detailreiche Beschreibung der Menschen und Orte am Ufer des Mississippi. In dem Roman bewegen sich ein weißer Außenseiter und ein rechtloser schwarzer Sklave zusammen den Mississippi stromabwärts. Versteht man diesen Teil des Titels aber wörtlich, könnte er auch als selbstironischer Kommentar dafür gelesen werden, dass sich hinter der künstlerischen Methode letztlich nur eine Abenteuerreise verbirgt, die keinen wissenschaftlichen, formalen oder ästhetischen Kriterien unterliegt, sondern ausschließlich den individuellen Interessen des Autors folgt, der sich auf den Spuren realer und fiktiver historischer Geschichten durch das aktuell viel diskutierte Hinterland der USA treiben lässt.

Durch den Titel ermöglicht es Cyrill Lachauer dem Betrachter zwar, einige der Motive zu entschlüsseln. So lassen sich die Vögel (A1) genauer als Black Hawks identifizieren und das darauf folgende Bild als Denkmal des Indianerhäuptlings Black Hawk. Andere Motive sind dagegen weniger eindeutig zuzuordnen oder scheinen zunächst von den benannten Themen wegzuführen, nähern sich dann aber aufgrund von neu identifizierten Hinweisen in anderen Bildern in der Gesamtschau doch wieder einem der angegebenen Deutungsräume. Der Titel dient hier also nicht primär der eindeutigen Zuordnung der Motive und spitzt damit das Problem, das die Ethnologie mit der Aussagekraft von Fotografie ohnehin schon hat, noch einmal zu: Da Fotografien von ihrem Wesen her schon mehrdeutig und indifferent sind, benötigen sie im Rahmen einer ethnologischen Feldforschung ein präzises kontextuelles Beiwerk, um ihnen eine spezifische Bedeutung zuweisen zu können.[4] Statt der Zuweisung einer spezifischen Bedeutung bietet der Titel bei Cyrill Lachauer dagegen ein Feld unterschiedlicher Ansatzpunkte, die in ihrer Verknappung und Unschärfe eine kalkulierte Mehrdeutigkeit erzeugen. Die Verweigerung einer eindeutigen Definition überlässt es dem Betrachter, sich für eine Möglichkeit zu entscheiden und ermöglicht es ihm damit, eine eigene Lesart der Fotografien zu entwickeln. Aus der linearen Abfolge der abgebildeten Orte und Details entsteht dabei eine mehrdimensionale Erzählstruktur, deren Komplexität erst durch den Betrachter selbst bestimmt wird.

Mit anderen Worten: der Betrachter wird selbst zum Spurenleser und vollzieht damit auf der Ebene der Rezeption der Fotografien die Methode nach, mit der sich Cyrill Lachauer bei seinen Reisen die Landschaft erschließt. So wie der Künstler die reale Landschaft nach Spuren einer vorab entwickelten Fragestellung durchsucht, begibt sich der Betrachter mit seinem eigenen Erfahrungshintergrund auf die Reise und liest die Fotografien als Spuren einer verborgenen Geschichte, die aus dem Dargestellten und der eigenen Interpretation entsteht.

Folgt man der Idee von Landschaft als Erzählung, könnte man das Spurenlesen als spezifische Art ihrer Wahrnehmung und Erschließung verstehen. Erkenntnistheoretisch lässt sich der Vorgang des Spurenlesens mit dem Begriff der Abduktion (von lat. abductio = Wegführung) bezeichnen.[5] Die von dem amerikanischen Philosophen und Logiker Charles Sanders Peirce (1839–1914) neben Deduktion und Induktion eingeführte logische Schlussform beschreibt ein indizienbezogenes Denken, das gleichzeitig logisch und intuitiv bzw. erfahrungsbezogen argumentiert. Spurenlesen ist daher auch die „Kunst des (intelligenten) Vermutens“[6] und entspricht dem „auf Augenmaß, Spürsinn, Intuition und viel Erfahrung fußenden ‚wilden Wissen‘ der Jäger, Hirten und Nomaden, der weisen Frauen, Priester und Medizinmänner, die aus spinnwebfeinen Spuren eine vergangene Realität rekonstruieren oder eine zu erwartende Zukunft projektieren können.“[7] Der Begriff der Spur ist seit mehr als 2.000 Jahren auch Kristallisationspunkt philosophischer Konzepte, die im Sichtbaren den Verweis auf das Unsichtbare sehen. Für Plotin ist alles Wirkliche zugleich Spur und bildet daher einen universellen Verweisungszusammenhang. Die sichtbare Welt wird zur Spur des entfernten Gottes. Bei Martin Heidegger wendet sich der Begriff der Spur gegen die Zweckrationalität der Technik und entspricht einer von der Kunst (bei ihm der Dichtung) gestalteten vortheoretischen Wirklichkeitserfahrung, die sich einer eindeutigen begrifflichen Identifikation verweigert. Emmanuel Lévinas beschreibt mit dem Begriff des Spurcharakters die Grenze der Interpretier- und Verstehbarkeit des Anderen und richtet sich damit gegen dessen Vereinnahmung durch die Logik der eigenen Subjektivität.

Adventures sind Expeditionen ins Unbekannte. Sie beginnen mit dem Entschluss, vertraute Denk- und Handlungsabläufe zu verlassen und sich einer neuen, unbekannten Kategorie zu überlassen. Wie sie enden, ist ungewiss. Aventiure stand im Mittelalterroman für eine ernsthafte Unternehmung von kultureller Bedeutung, die mit einer hohen ethischen Grundeinstellung erfolgte. Und auch die großen Entdeckungs- und Eroberungsreisen seit der Renaissance wurden alle neben dem Forschungs- bzw. Unterwerfungsanspruch auch als Abenteuerreisen beschrieben. Das Verlassen des gewohnten Umfeldes führt unweigerlich zur Begegnung mit dem Anderen. Indem man sich dem Unberechenbaren und der Gefahr aussetzt, führt dies aber zugleich auch zu einer Konfrontation mit sich selbst, der eigenen Herkunft und Bedingtheit und der Frage nach der Bedeutung der eigenen Existenz. Mit seinen Reisen durch Amerika vollzieht Cyrill Lachauer nicht nur die Schauplätze von Black Hawk, Mother Leafy Anderson und den Protagonisten in den Romanen von Mark Twain nach, sondern auch die Entdeckungsreisen und Eroberungskriege seit Christoph Kolumbus, die Teil der europäischen Identität sind und die noch immer anhaltenden ethnischen Konflikte Amerikas maßgeblich mit zu verantworten haben. Und schließlich rekonstruieren die Abenteuerreisen des *White Middle Class Man* die Fantasiereisen des *White Middle Class Boy* (wie es im Titel der Arbeit zu Beginn noch hieß), die sich beim Lesen der Adventures und all der anderen angeeigneten und erfundenen Erzählungen der Kindheit und Jugend einstellen und ein lebenslanges Referenzbild erzeugen – die erste und vielleicht intensivste Begegnung mit dem Anderen in sich.

1 Es handelt sich hier um die im Südosten der USA verbreitete Wassermokassinotter. Wegen ihrer Giftigkeit und Unberechenbarkeit wird sie auch für das Ritual des Schlangenanfassens verwendet, das einige amerikanische Pfingstgemeinden praktizieren und bei dem die Beteiligten als Glaubensbeweis einen Biss in Kauf nehmen.

2 In: *Cyrill Lachauer. Full Service*, Bielefeld; Berlin 2015, S. 82–109.

3 In: Erzählende Landschaft: eine vielstimmige Bricolage. Gespräch Cyrill Lachauer und Anna Schneider, a.a.O., S. 10f.

4 Vgl.: Birgit Glindmeier: Zur Synthese von Fotografien und Texten in ausgewählten ethnologischen Monographien, in: Arbeitspapiere / Working Papers Nr. 35, Institut für Ethnologie und Afrikastudien, Johannes-Gutenberg-Universität Mainz 2004, S. 10ff.

5 Zum Begriff des Spurenlesens und der Spur vgl.: *Spur. Spurenlesen als Orientierungstechnik und Wissenskunst.* Hg. von Sybille Krämer, Werner Kogge u. Gernot Grube. Berlin, 2007, S. 21–24.

6 A.a.O., S. 21.

7 A.a.O.

Looking half away from the viewer, a man is standing in front of a wooden fence. His gaze scans the horizon of a landscape lost in fog. The collective visual memory of a Central European interested in art involuntarily brings *The Wanderer above the Sea of Fog* by Caspar David Friedrich to mind: the figure seen from the rear as a romantic motif that inspires the viewer to contemplation; the human being in quiet dialogue with nature and transcendental infinity. In the photograph, a weathered fence intervenes between the figure and the far away. And instead of a walking stick, the figure is holding a long revolver in his right hand, only recognizable at second glance. If the figure in Caspar David Friedrich becomes one with rock that has been climbed, here the figure becomes one with the fence, which repeats in the pattern of the shirt. Wandering through the expanse of space turns into defense of the figure's appropriated land: romantic contemplation becomes the constant expectation of danger.

The photograph (E 1) comes from the 36-part work *The Adventures of a White Middle Class Man (From Black Hawk to Mother Leafy Anderson)*, 2016/17 by Cyrill Lachauer and is one of three pictures where a person is central. The second (B 2) shows a woman seen from the rear standing in front of a window: an equally popular romantic motif, also familiar from Caspar David Friedrich in his *Woman at a Window*, where a woman looks through an open window from the upper floor of a house onto a body of water with sailboats. In Cyrill Lachauer, the scene is the interior of a houseboat. Through the closed window, a glistening brightness floods the room and saturates the long hair of the woman, who, like Lorelei on the Rhine Rock in the fairy tale from primeval times, brushes her hair to the side, seductively lost in thought. In longing for and expecting a new start or demise, the interior of her gaze follows the passing of the ships, the river, and of time itself. The safety of a fixed home here becomes a mobile, placeless place, stuck in the vague intermediate state of docking as a kind of limbo.

The third photograph of a person (M1) shows a man tattooed all the way up to his face who has just swallowed a sword. Photographed from an extreme lower view and turned toward the camera, he poses between the viewer and a gray, depressing sky. His shirt is printed with colorful postcards that show palms and beaches, clichéd locations of yearning for a distant, intact world. As a sword-swallower, he is a traveler, as they call themselves. In a mixture of fascination and awe, their appearance interrupts the everyday life of the sedentary and suggests the possibility of a very different, wild and unfettered life.

The other photographs in the series: decaying paths, trails in the sandy ground, a car without wheels, an abandoned home surrounded by wet depressions, then improvised homes, camps, spaces of protection, hiding places, temporary locations of taking pause and passing through a used up, gradually decaying landscape. They are on the sidelines: unassuming, overlooked places usually passed by as insignificant. By way of the attention that is now paid to them, and their transformation into a precisely composed picture, they transform into allegories for the development and downfall of an entire age and thus seem like romantic landscapes. For here as well, there are many popular scenes and symbols from the romantic age: misty lakes, monuments, ruins, caves, a barren tree, and a Christian cross in an expanse of landscape.

Alongside these pictures, the series also features repeated close ups of otherwise inconspicuous details. Usually centrally placed in the image, some are illuminated in the sun, others emphasized with a slight focus from the unfocused surroundings, they surface in the image like sudden appearances. And finally, in other images we discover details that we overlook at first glance: the cave entrance (B1) is blocked by a hidden construction fence lost in the barren brushwood, a poisonous snake[1] slithers across the tree trunk (F1) and from the glowing green wild undergrowth (M4) the gaze is not just directed at an open meadow, but encounters a rusty steel bridge that appears out of focus in the background at the center of the image.

Formally and in part thematically linked, this series of photographs recalls the artist's earlier series *Full Service – From Walker River to Wounded Knee* from 2014/15.[2] Both series were created during long journeys across the United States and can be read as subjective travelogues, allegorical landscapes, postcolonial discourse, or the results of a field research project, but none of these descriptions entirely fits, even if both series play with all these aspects.

Cyrill Lachauer describes the formal approach of both series as an idea of conceiving the landscape beyond its visible form as a physical space as a narrative space: "*The point of departure was the idea and issue of a narrative landscape. My landscape concept includes everything in a certain space: physical landscape, material culture, human beings, animals, atmosphere, inscriptions and gaps. Landscape is thus a space in which all the parts, animate and inanimate, speak about a certain matter, of a certain culture, a certain history or a certain spirituality. I was less interested in the historical explicit narrative, since in the United States it is still written from the perspective of white people … I am interested instead in the silent dimension of history that is shown in the form of small traces, inscribed in things that shape people, without it being articulatable for them, and which can be accessed via experience.*"[3]

Beside the idea of a narrating landscape, Cyrill Lachauer developed a specifically thematic question for each series, much like ethnological field research, but without formulating it in explicit terms. In *The Adventures of a White Middle Class Man (From Black Hawk to Mother Leafy Anderson)*, where the photographs were all taken along the Mississippi River, the question reveals itself, or rather conceals itself, as a poetically dense code that is placed as a title before the photographs themselves. Beyond the aesthetically immanent views of photographs, Cyrill Lachauer opens an additional transcendental space of interpretation related to the motifs that itself requires interpretation. Depending on the way we read them, these titles can be understood as specifying an epoch, a geographical realm, a real or fictional travelogue, or a spiritual journey of souls. One arrives at the respective reading only if one engages with all parts of the title, interpreting them for their content and relating them to one another as components of a joint structure. Black Hawk, for example, is the name of a bird of prey after which the chief of the Sauk and Fox people was named, who at the start of the 19th century resisted the expulsion of his people from the areas east of the Mississippi to the West, ultimately without success. In addition, Black Hawk has been the name of various American warplanes and navy boats and numerous locations and municipalities in the United States. Mother Leafy Anderson was an African-American spiritualist and church founder. Born in the state of Wisconsin, where Black Hawk also lived for a time, in 1887, she moved to New Orleans in 1918 where she founded the Spiritual Church movement, an association of largely African American churches that subscribed to the belief that it is possible to communicate with the souls of the dead with the help of a medium. During her church services, Mother Leafy Anderson claimed to take up contact with Chief Black Hawk in a trance: he spoke through her, and in this way became the spiritual leader of the New Orleans Spiritual Church. The beginning of the title recalls the novel by Mark Twain, *The Adventures of Huckleberry Finn*, which in the mid-19th century was set in the fictional setting of St. Petersburg, Missouri. The book offers a detailed description of people and places on the banks of the Mississippi. In the novel, a white outsider and a black slave without any rights whatsoever make their way downriver. If we understand the title literally, it could also be a self-ironic commentary that there is ultimately nothing more behind the artistic method than an adventure subject to no academic, formal, or aesthetic criteria, but that solely follows the individual interests of the creator who lets himself drift on the traces of real and fictional historical events through the hinterland of the United States, currently a focus of attention.

With his titles, Lachauer does allow the viewer to decode several of the motifs in his photographs. The birds (A1) can be more precisely defined as Black Hawks and the next picture as a monument to Chief Black Hawk. Other motifs, in contrast, are less clearly identifiable or seem at first to lead away from the subjects mentioned, but then due to the newly identified indications in other pictures in the overall show again approach the spaces of meaning referred to. The title serves not primarily to clearly classify the motif and once again exaggerates the problem that ethnology has with the expressive power of photography: since photographs are from their essence ambivalent and indifferent, they require in the framework of ethnological field research a very precise contextual apparatus to provide them with specific meaning.[4] Instead of assigning a specific significance, the title in Cyrill Lachauer provides a field of various points of departure that in their abbreviation and lack of focus generate a calculated ambiguity. The refusal of a clear definition leaves it to the beholder to choose a certain possibility and allows him to develop his or her own reading of the photographs. The linear sequence of the depicted locations and details generates a multi-dimensional narrative structure whose complexity is defined by the beholder.

In other words: the beholder becomes the interpreter of clues and thus completes the methods with which Cyrill Lachauer searches for traces of an issue developed beforehand on the level of the photographs' reception. The beholder with his own background of experience goes on a journey and reads the photographs as traces of a concealed history that emerges from what the pictures represent and his or her own interpretation.

If we follow the idea of landscape as narrative, reading traces could be understood as a specific kind of perception and discovery. In terms of cognitive theory, the act of reading traces can be described using the term of abduction (from the Latin abductio).[5] This logical form introduced by American philosopher and logician Charles Sanders Peirce (1839–1914), alongside deduction and induction, describes evidence-based thinking that is simultaneously logical and based on intuitions and experience. Reading traces is thus an "art of intelligent supposition"[6] and corresponds to the "'wild knowledge' of hunters, shepherds, and nomads based on a sense of proportion, serendipity, intuition, and a great deal of experience, of wise women, priests, and medicine men who can reconstruct a past reality using traces thin as spider webs or project a future to be expected."[7] The term "trace" has also been a point of crystallization for philosophical concepts for more than 2000 years, concepts that seek the link to the invisible in the visible. For Plotinus, everything is a trace and thus forms a universal context of reference. The visible world becomes a trace of the distant God. In Martin Heidegger, the concept of the trace is turned against the instrumental rationality of technology and corresponds to a pre-theoretical experience of reality that is shaped by art (for him, poetry) that refuses a clear conceptual identification. Using the concept of the trace character, Emmanuel Levinas describes the limits of the other's interpretability and understandability, thus opposing the other's appropriation by the logic of our own subjectivity.

Adventures are expeditions to the unknown. They begin with the decision to leave behind familiar ways of thinking and acting and to allow oneself to accept a new, unknown category. It remains uncertain how they will end. Adventure in the medieval novel stood for a serious undertaking of cultural import that took place with a high ethical foundation. The great journeys of discovery and conquest since the Renaissance were also all described not just as journeys of research and subjection, but as adventures. Leaving a familiar environment leads unavoidably to encounters with the other. By subjecting oneself to the unknown and to danger, this also leads to a confrontation with oneself, one's own background and contingency, and the question of the meaning of one's own existence. With his trips through America, Cyrill Lachauer not only recreates the scenes of Black Hawk, Mother Leafy Anderson, and the protagonists from the novels of Mark Twain, but also the journeys of discovery and conquest since Christopher Columbus, which are part of European identity and play a key role in the continuing ethnic conflicts of America today. And finally, the adventure trips of *White Middle Class Man* reconstruct the fantasy journeys of the *White Middle Class Boy* (as the work was originally titled) that are generated while reading adventures and all the other appropriated and invented narratives of childhood and youth and create a referential image for a lifetime: the first and perhaps most intense encounter with the other in ourselves.

1 The snake in the picture is a cottonmouth, widespread in the southeast U.S. Due to their venomousness and unpredictability, this snake is often used in the ritual of snake handling as practiced by several American Pentecostal churches, where the believers subject themselves to the danger of being bitten as to prove their faith.

2 Cyrill Lachauer, Full Service (Bielefeld/Berlin, 2015), 82–109.

3 From: "Erzählende Landschaft: eine vielstimmige Bricolage. Gespräch Cyrill Lachauer und Anna Schneider," ibid., 10f.

4 See Birgit Glindmeier, "Zur Synthese von Fotografien und Texten in ausgewählten ethnologischen Monographien," Arbeitspapiere / Working Papers Nr. 35 (Institut für Ethnologie und Afrikastudien, Johannes-Gutenberg-Universität 2004), 10ff.

5 On the concept of seeking traces and the trace, see Sybille Krämer, Werner Kogge and Gernot Grube, eds., *Spur. Spurenlesen als Orientierungstechnik und Wissenskunst* (Berlin, 2007), 21-24.

6 Ibid., 21.

7 Ibid.

Dodging Raindrops
A Separate Reality

1 White Mountains – Apache Indian Reservation, Arizona

Innocent
Innocently I began to travel.
Disenchanted with those I left behind.
To not know now, what I didn't know then.
White. Male. Predator.
Time passes.
Forcing the ebb with the flow.
From West to East.
Direct descendant to the rapist of this land.
Captain America, Fonda's watch.
The devil's work.
All this in mind, I still won't return.
Home.

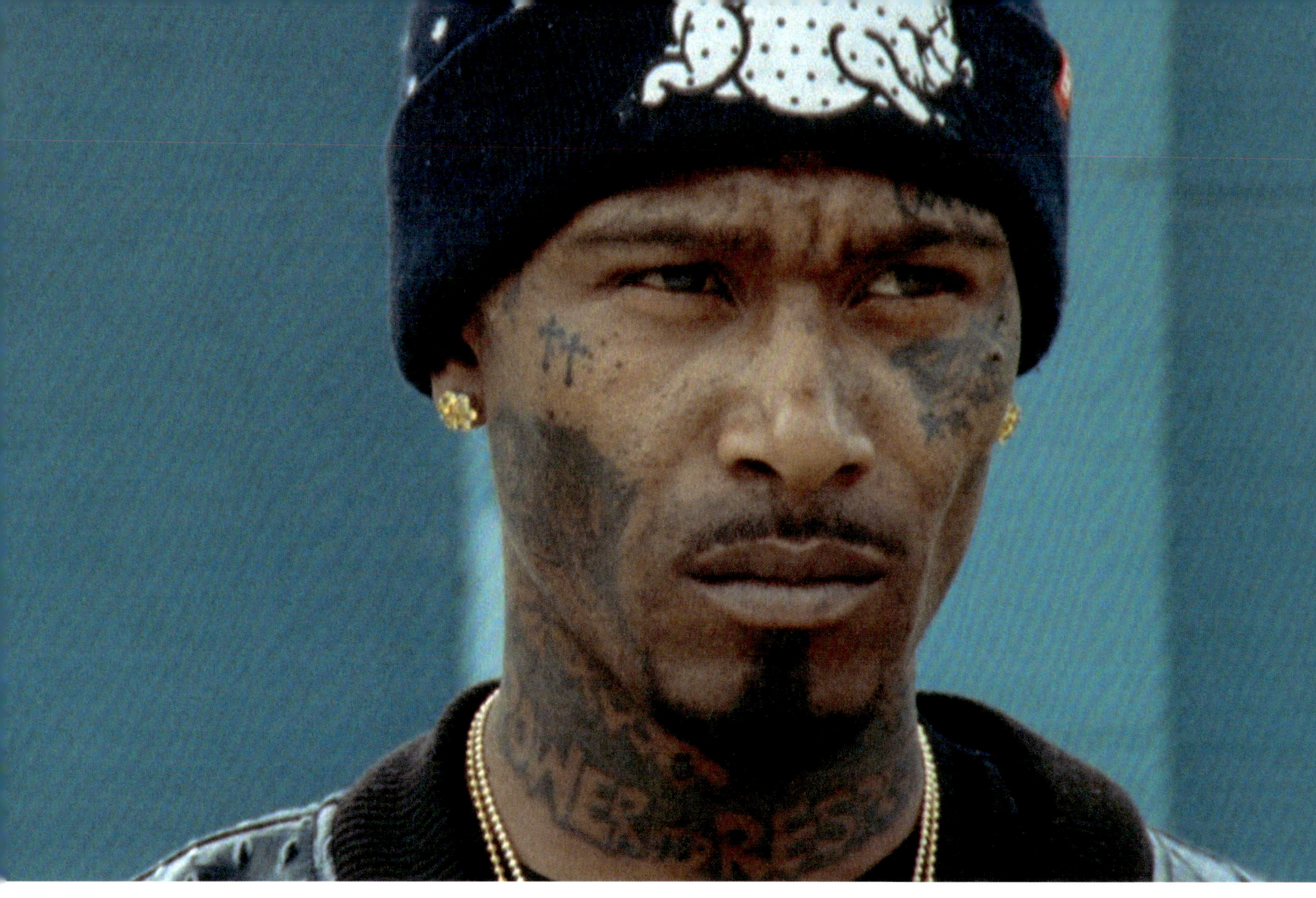

2 Watts – Los Angeles, California

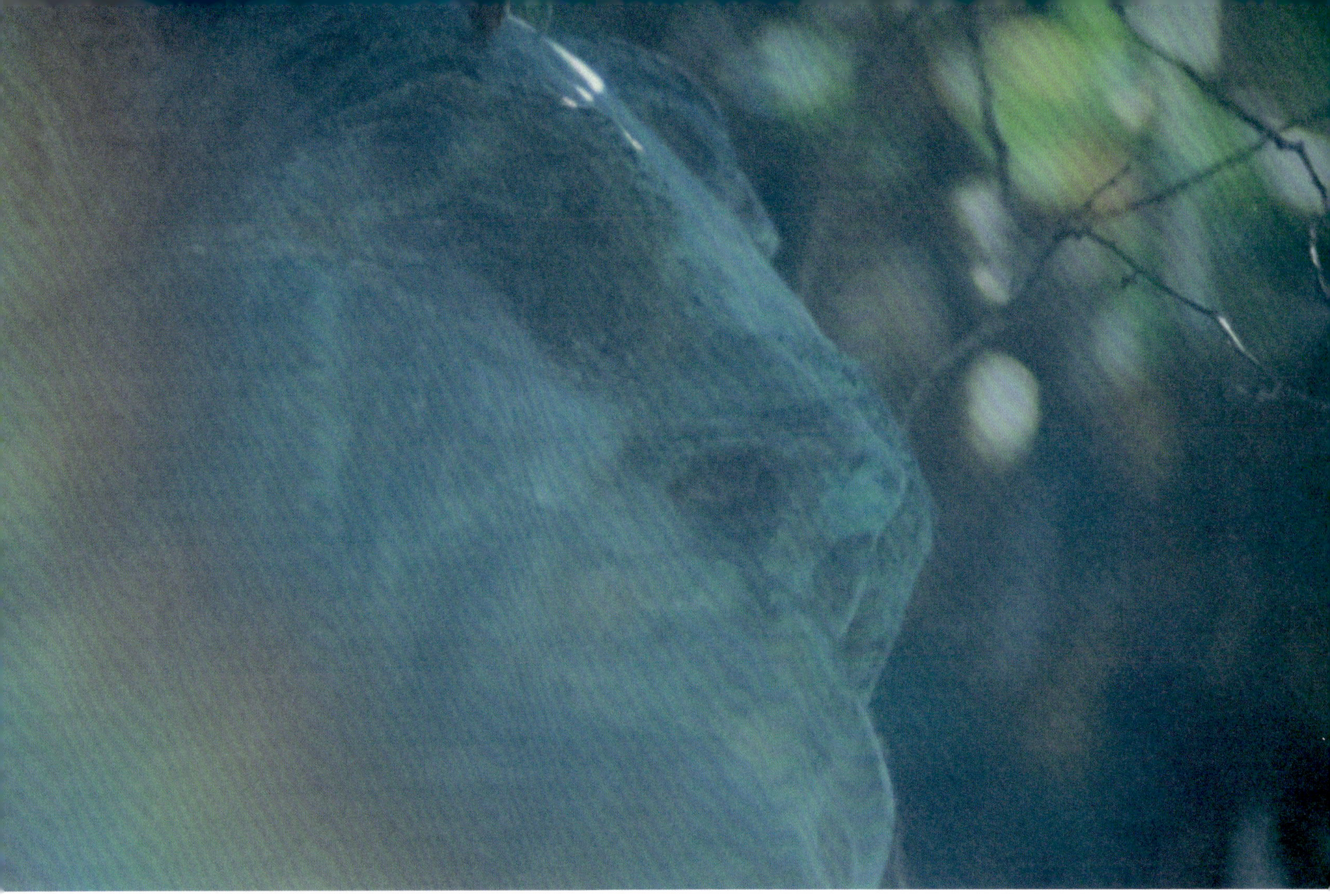

3 San Fernando – Los Angeles, California

In L.A. I saw a guy
Peyote written on his shirt
A lady in her 50s wants to heal me
Using sage and holy smoke
Juniper
Juniper
Junipero was no Saint

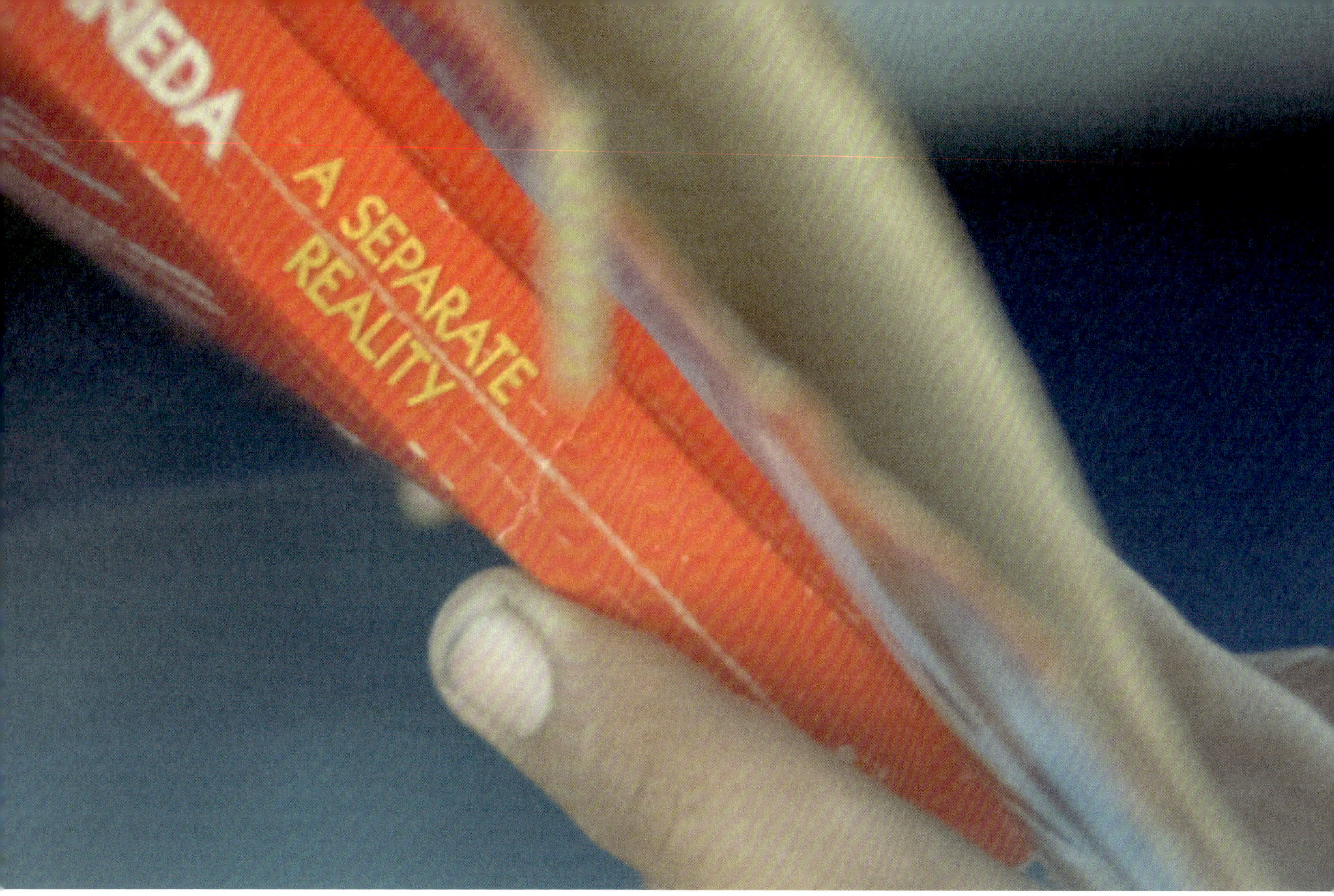

4 Llano del Rio, California

Leaving the socialist hall.
Utopia.
Departing from its disorder
Into a new world
I am walking in Don Juan's footsteps
Into Castaneda's dreams.

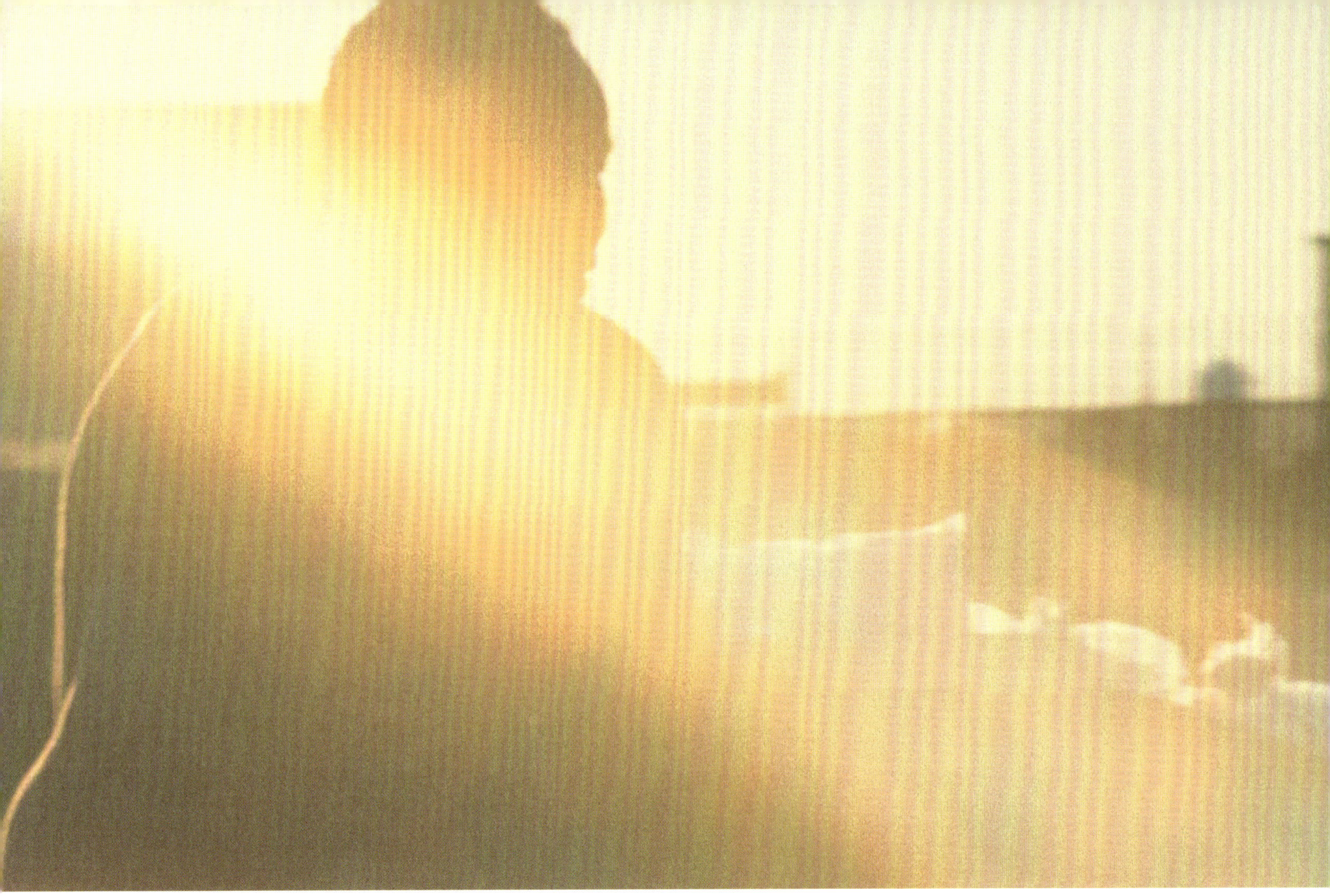

5 Fresno, California

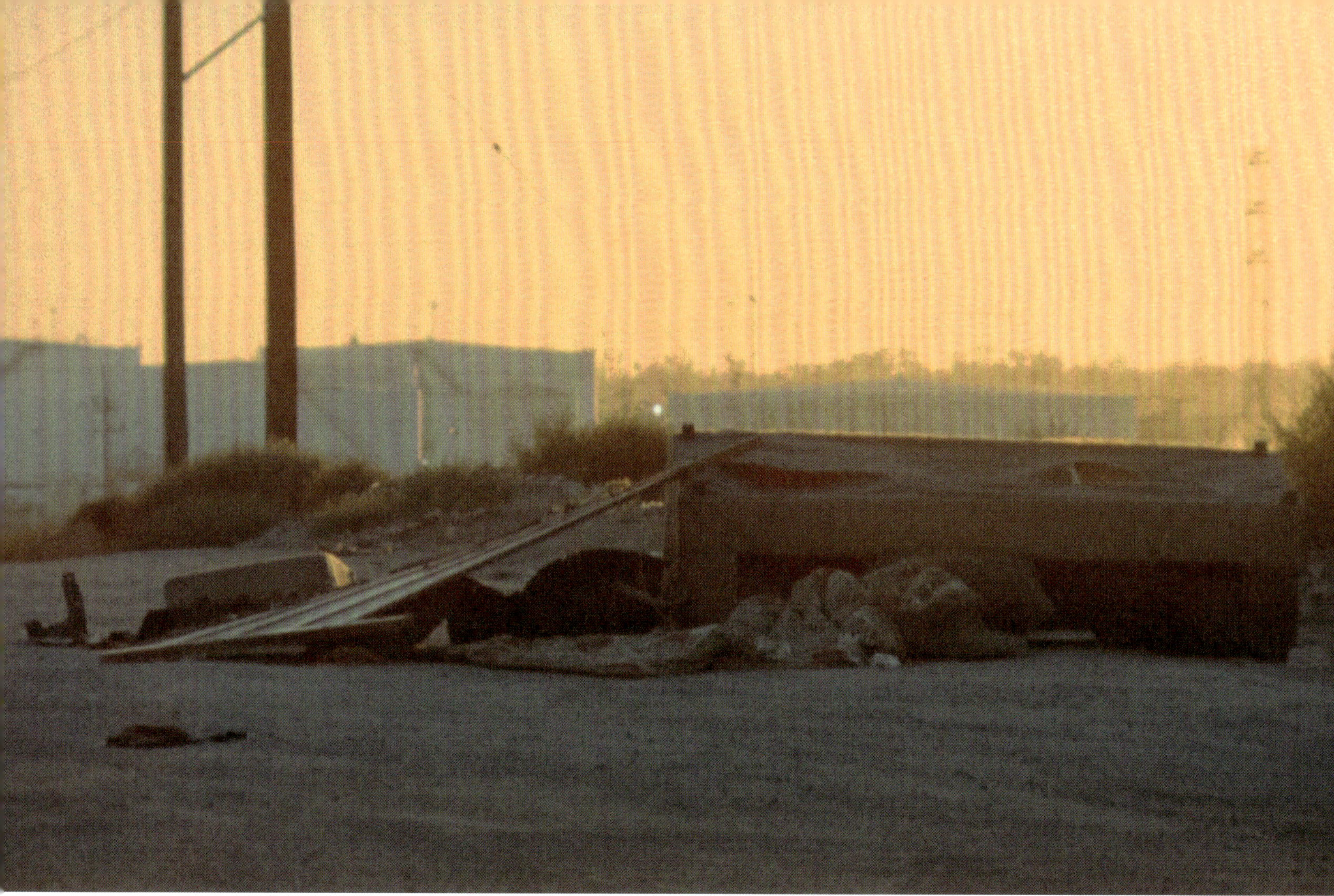

6 Los Angeles, California

In Gallup they sell arts and crafts
The miners wait to get the hills
So healthy how you live with nature
So noble your whole being
Juniper
Juniper
Junipero was no saint
While I cross the countless washes
My old world builds up fences
The blacks are shot in churches
No god, no saint, no human
Juniper
Juniper
Junipero was no saint

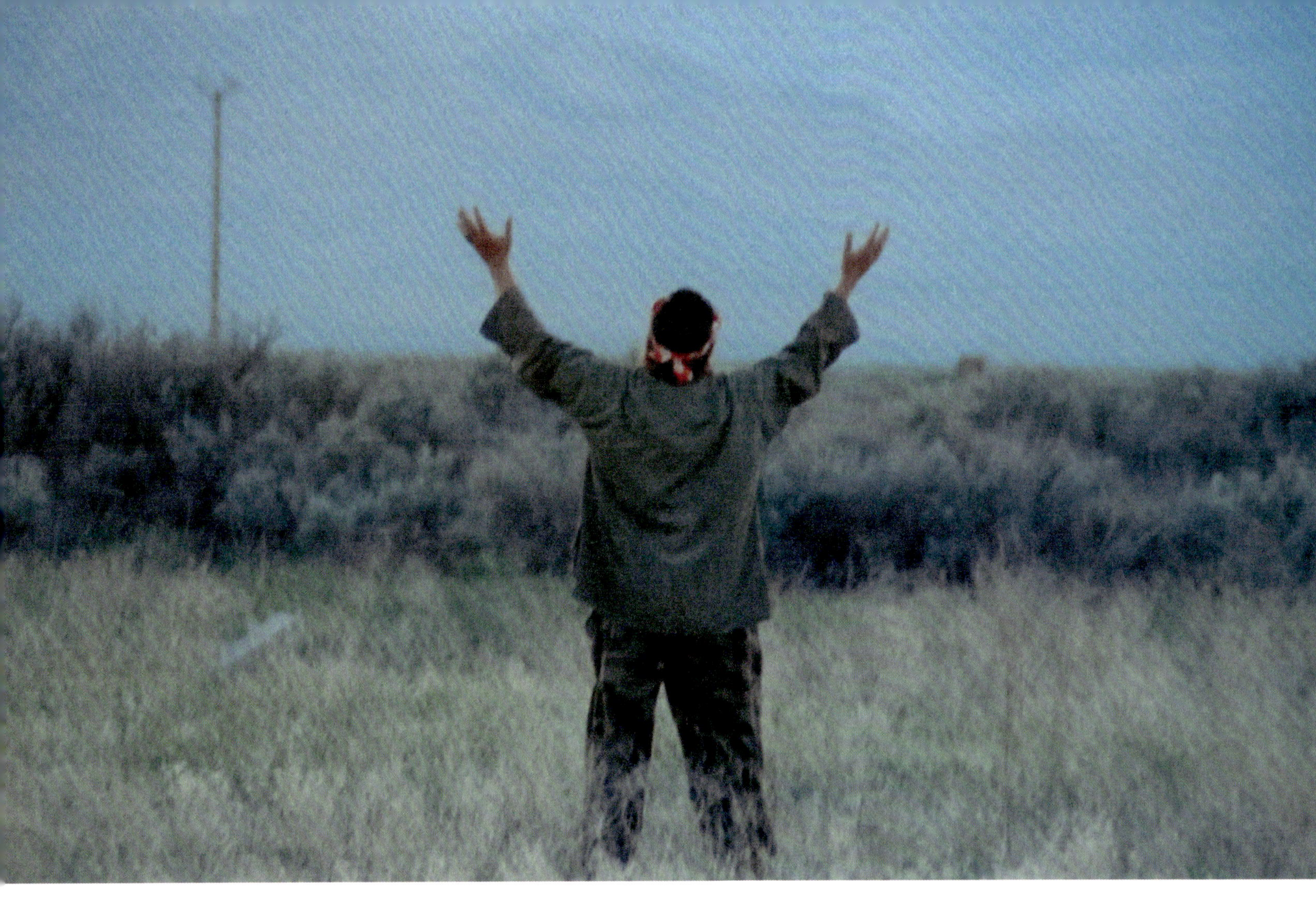

7 McDermitt, Nevada-Oregon

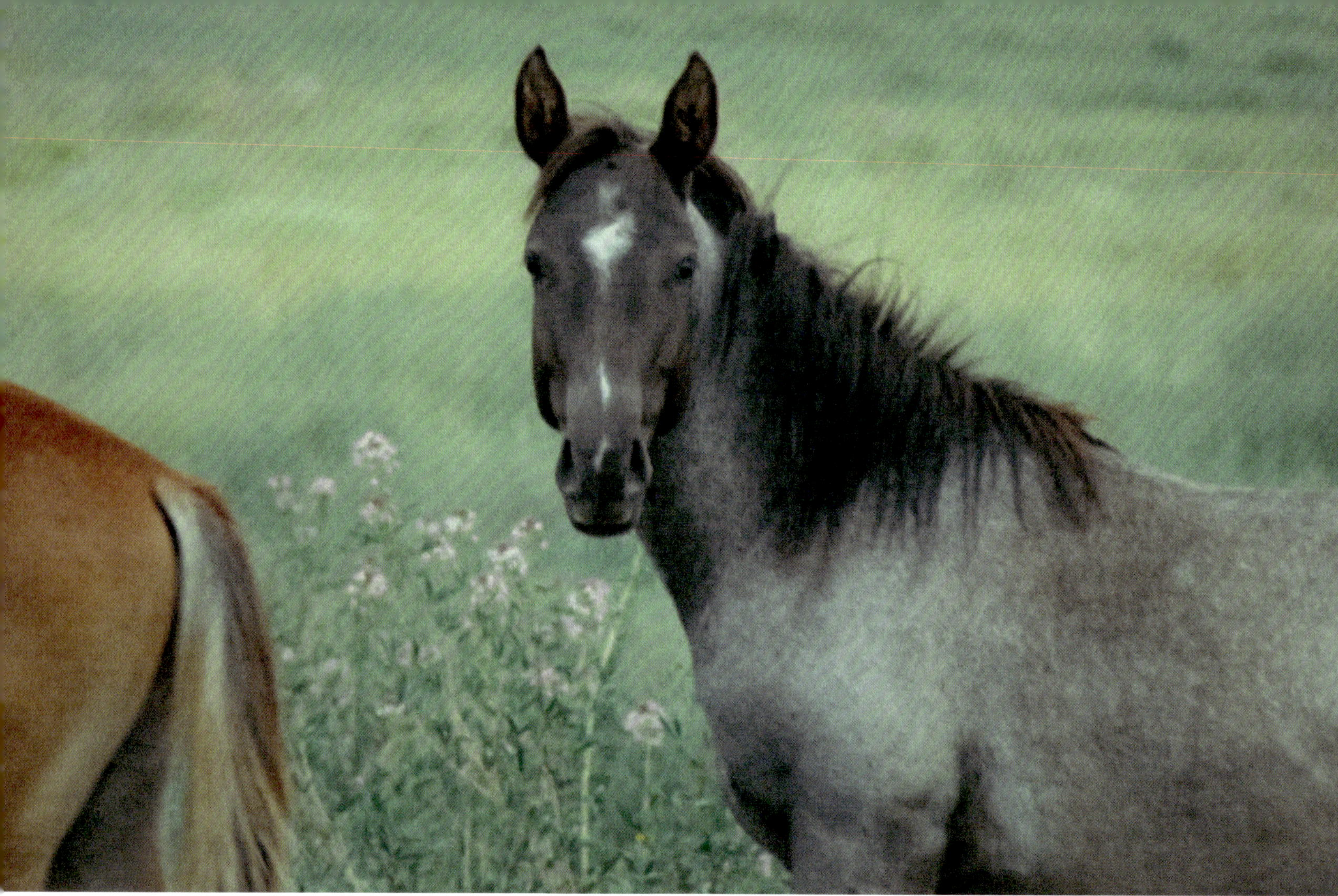

8 Highway 89, Arizona

He was quiet for a moment.
I knew he was looking at me, but I avoided his eyes.
Nothing has really changed in you, he said.

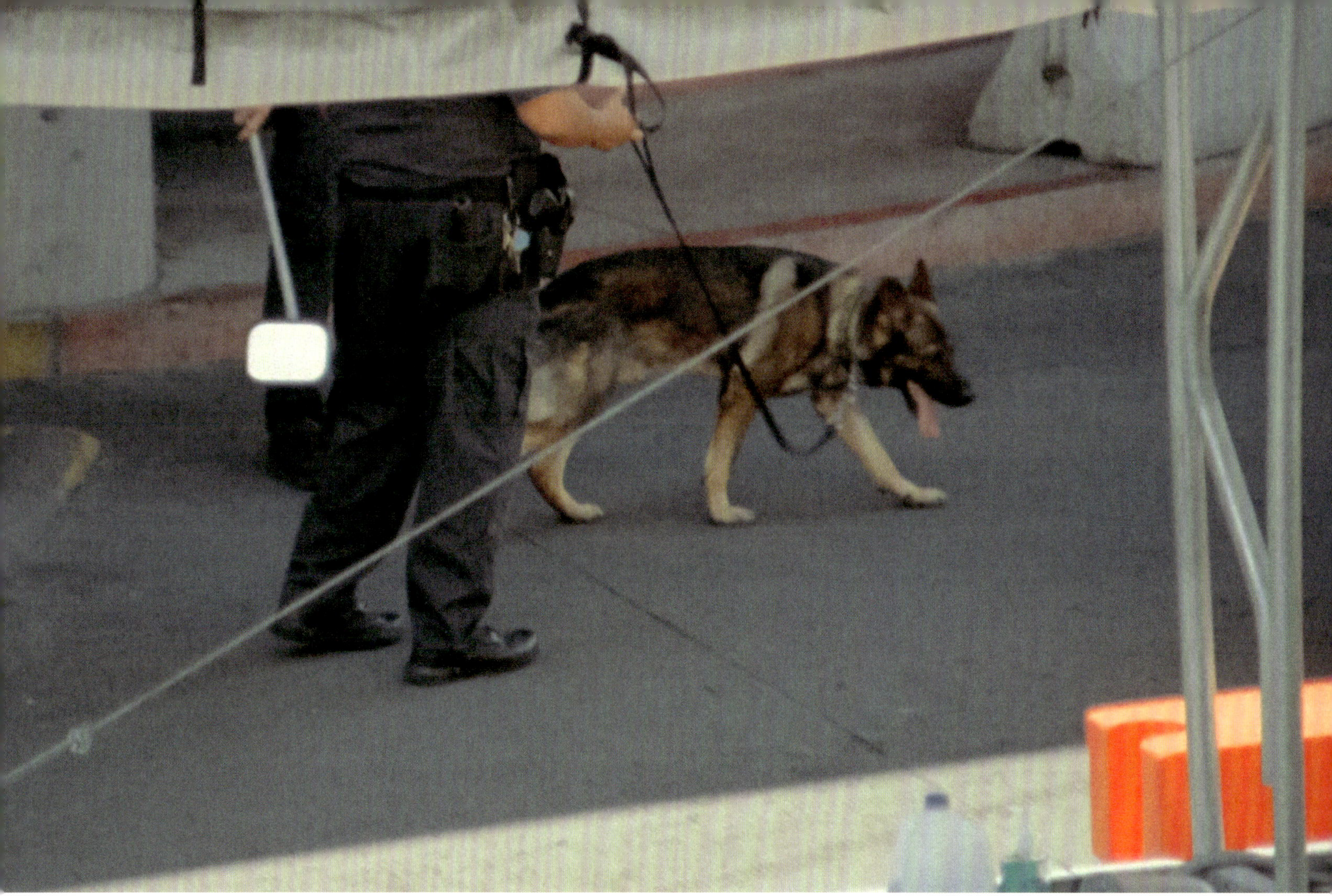

9 Nogales, Arizona

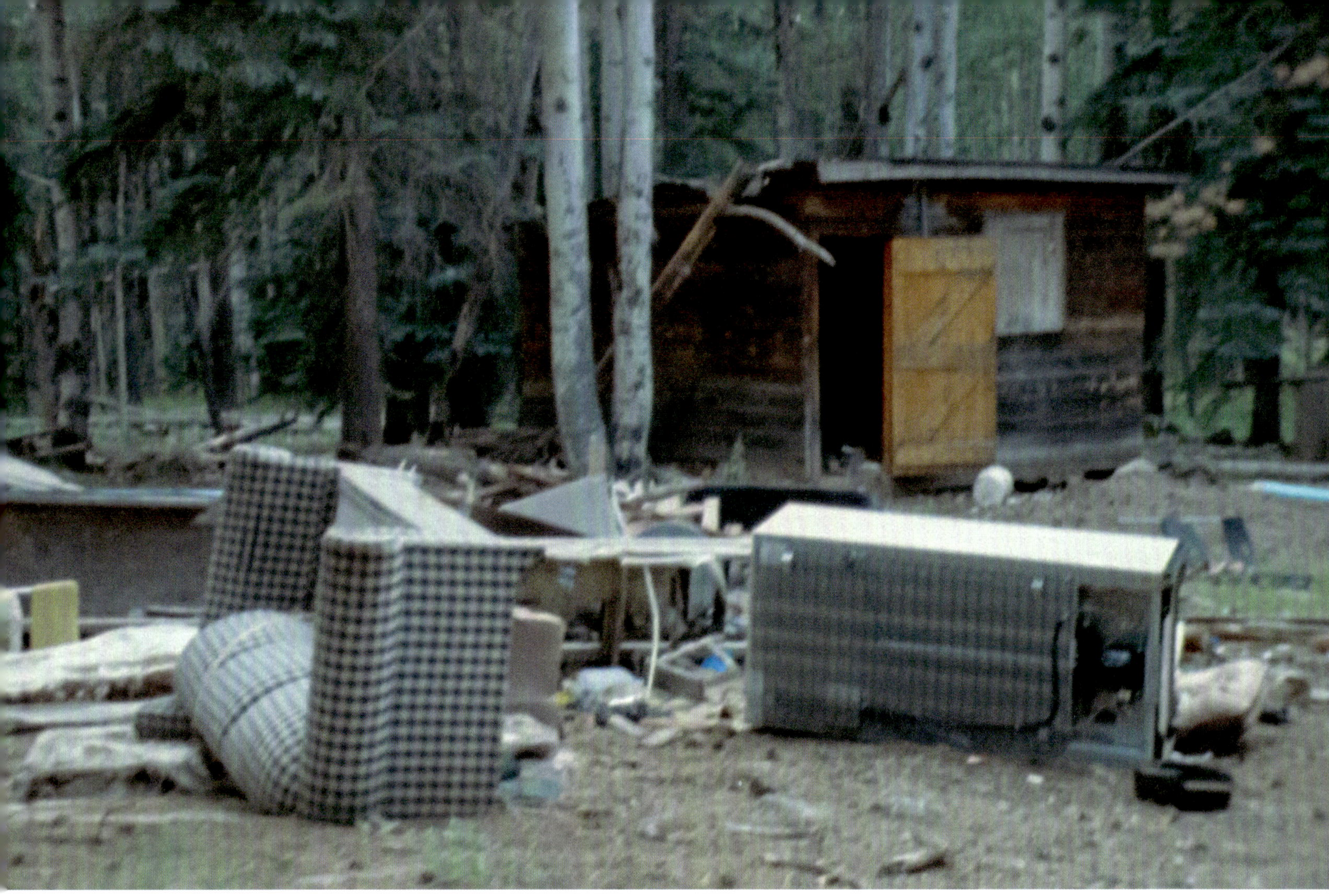

10 White Mountains – Apache Indian Reservation, Arizona

Not finding my shaman
In the rain soaked Apache Mountains
Like in the manner of most hunters
Before me
I take a picture
Give nothing in return
L.A.

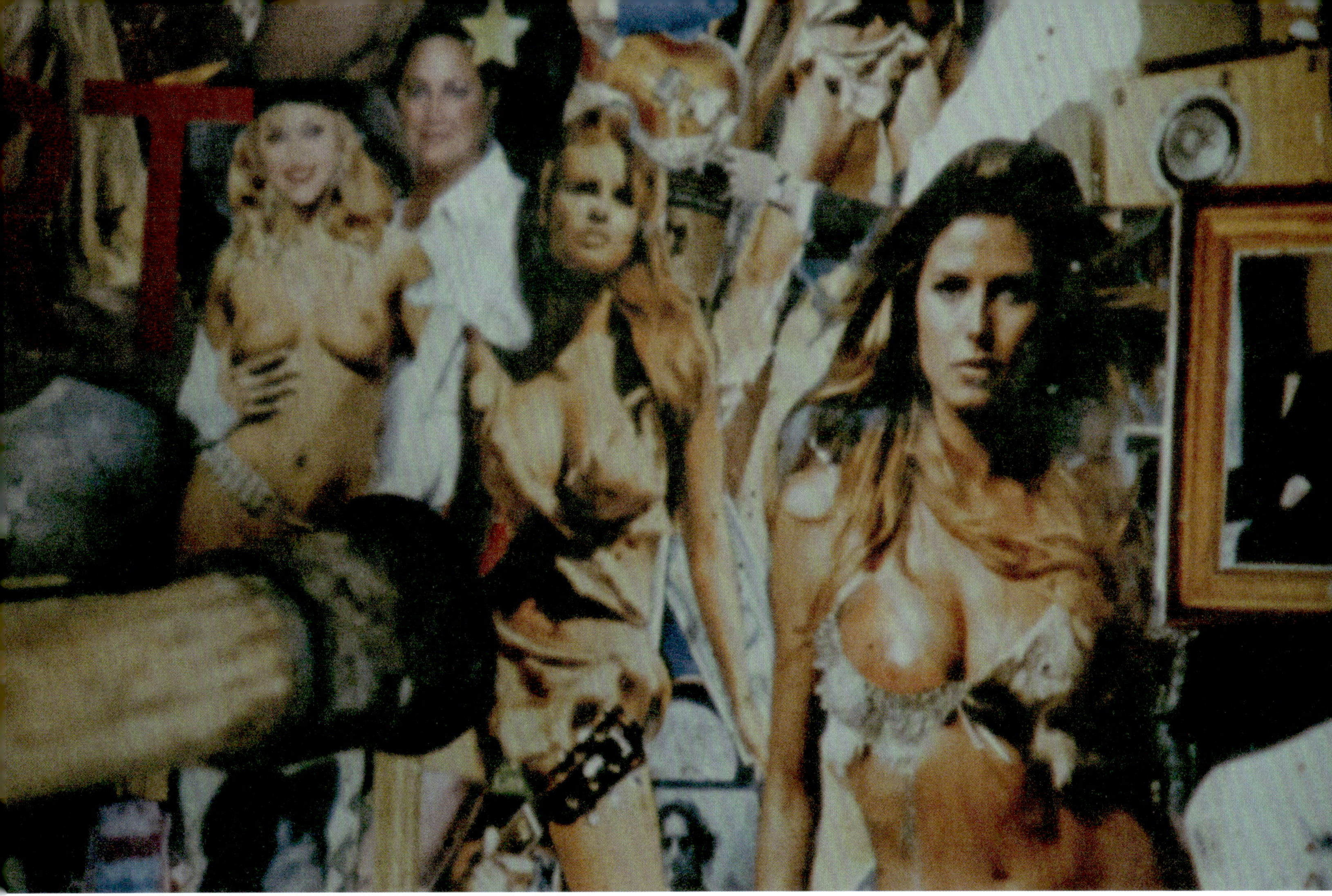

11 California City, California

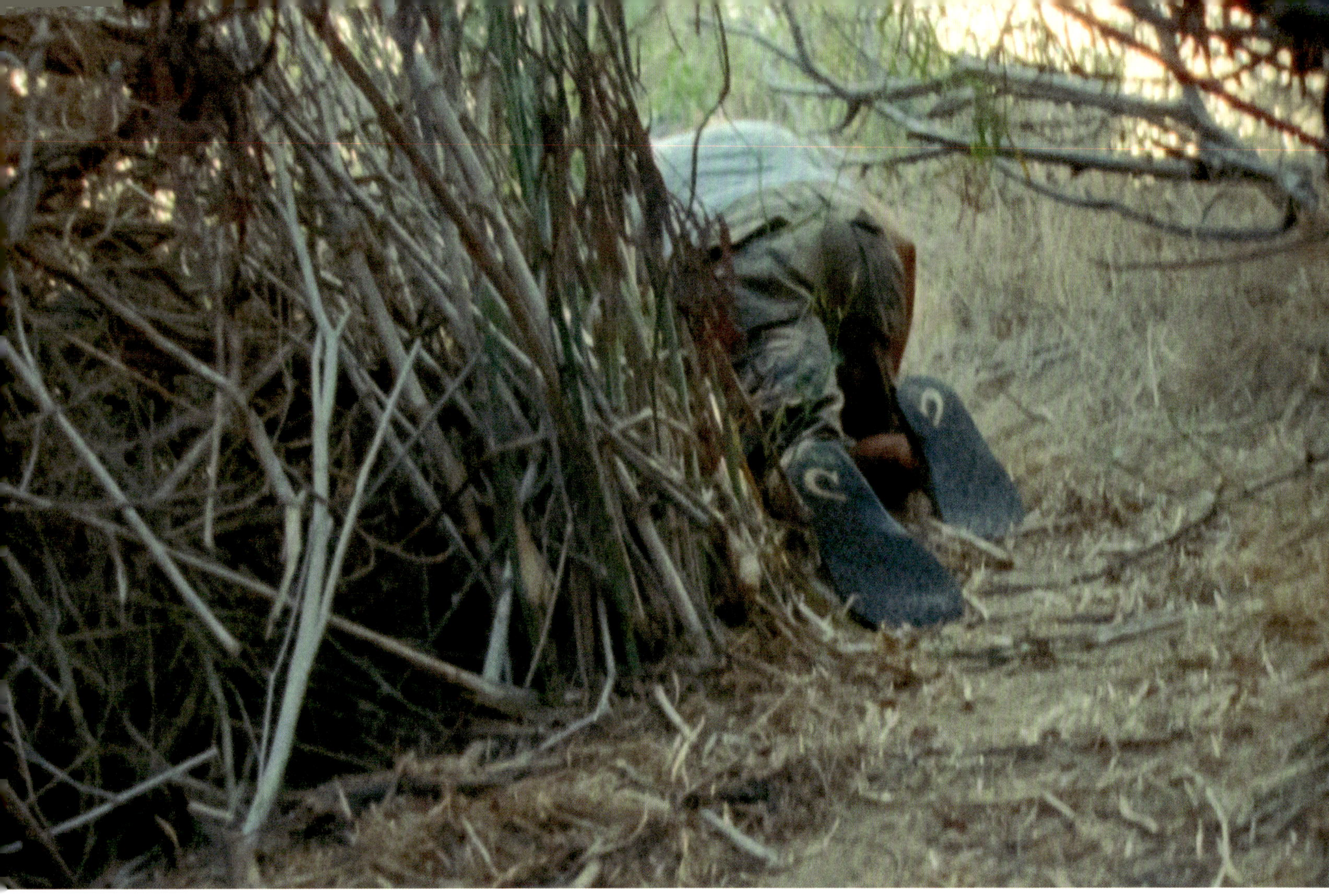

12 Pacific Coast Highway – Santa Monica, California

While nine souls die in a Charleston church today
Freedoms are taken.
Dreams turn to nightmares.
Borders in Europe close.
I still enjoy the California surf.

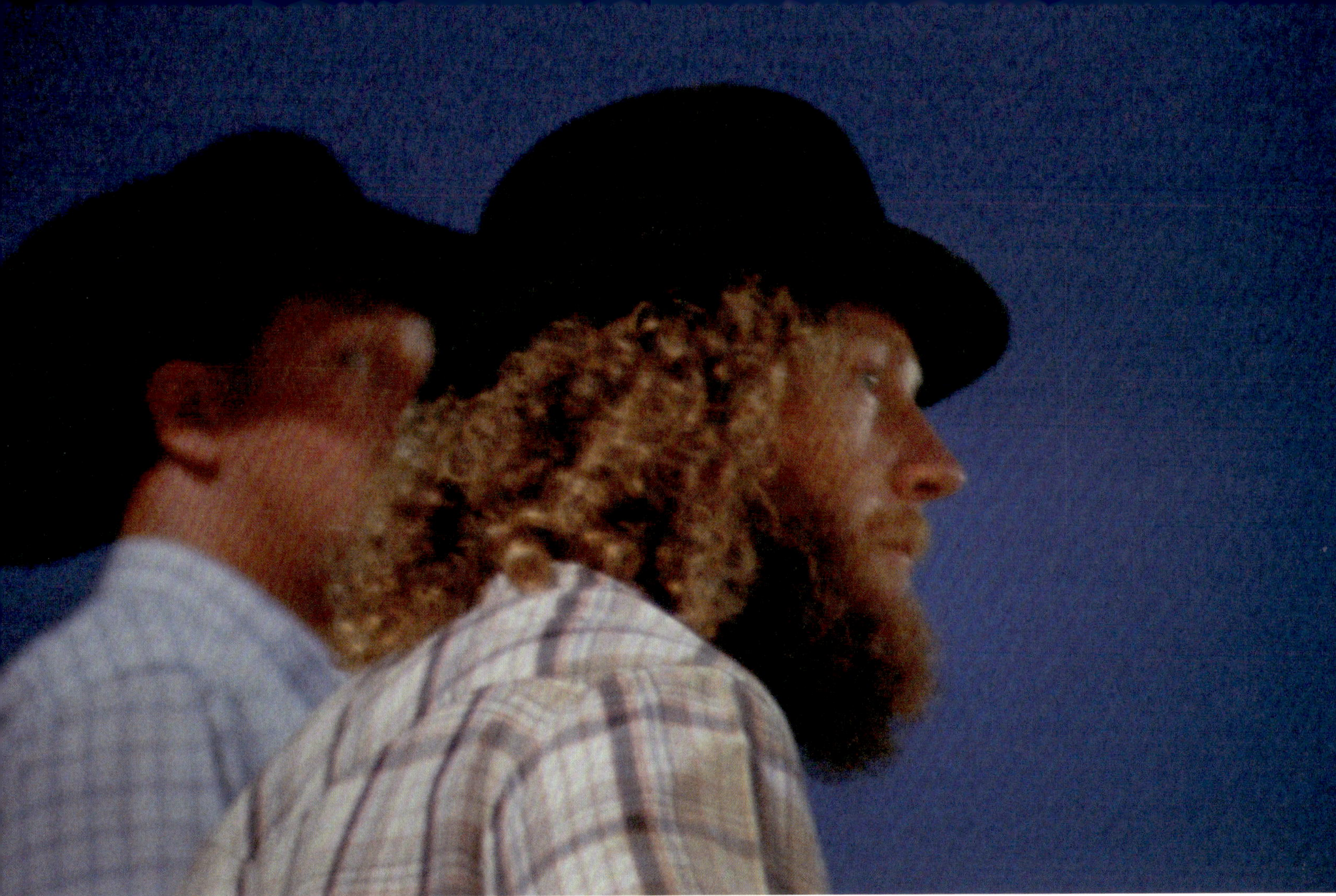

13 Prescott, Arizona

I killed you in the field
I killed you on the road

I killed you in the dark
I killed you in the cold

I killed you in the woods
I killed you on the mountains

I killed you in the snow
I killed you in the sun

I killed you in the village
I killed you by the river

I killed you in the mud
I killed you on the rails

I killed you by the sea
I killed you in the city

Now as you seem dead
I'm still not travelling alone

And all I see
Is a white
White devil

A white
White devil
Riding by my side

Separate Realities Between Raindrops

Alexander Knorr

Mountain und *Summit*, das sind die beiden US-amerikanischen Bergsportzeitschriften, in denen ich als Teenager viel gelesen habe. Beim Durchblättern fällt mir damals auf, dass in den ganzseitigen Anzeigen, in denen für Seile, Kletterschuhe, Karabiner usw. geworben wird, ein Mann immer wieder auftaucht. Häufig schnell wiederzuerkennen an einer Gymnastikhose mit markanten rotweißen Blockstreifen längs der Beine. Unter den Bildern steht der Name des Kletterers: „Wolfgang Gullich".

Die amerikanischen Setzer hatten kein „ü" in ihrem Zeichenvorrat.

Um die gleiche Zeit, Mitte der 1980er Jahre, genauer: 1986, finde ich in einem kleinen Laden in New Delhi ein zerlesenes Taschenbuch. Der Klappentext verspricht Einblicke in die Biographie eines Zauberers.

So ein Buch hatte ich etwas früher im selben Jahr schon mal gekauft – *Zanoni: Geschichte eines Magiers* von Edward Bulwer-Lytton, bekannter für *Der Untergang von Pompeji*. Seit über dreißig Jahren kriege ich es nicht fertig, *Zanoni* fertigzulesen. Alle paar Jahre versuche ich es wieder und muss dabei natürlich von vorne anfangen. Diese Versuche sind dokumentiert durch einen Stapel von Lesezeichen, die ich im Buch lasse. Jedes einzelne bedeutet einen Versuch und markiert, wie weit ich beim jeweiligen Versuch kam, bevor ich aus dem Text gefallen bin. Durch diese Sammlung ist das Buch mittlerweile fast doppelt so dick wie ursprünglich.

Dennoch kaufe ich dem Händler an Delhis Einkaufsstraße Janpath unverzagt *A Separate Reality: Further Conversations with Don Juan* von Carlos Castaneda ab. Am nächsten Teestand an der Straße kaufe ich mir ein Bier, lasse mich nieder, beginne zu lesen und bin furchtbar enttäuscht. Erwartet hatte ich so etwas wie die Biographie von Harry Houdini. Etwas über einen Zauberkünstler, der einen tatsächlich das Unmögliche erleben lassen kann. Stattdessen geht es in *A Separate Reality* um irgendeinen Forscher einer kalifornischen Universität, der sich angeblich mit einem angeblichen indianischen Magier unterhält, Psychedelika nimmt, in eine andere Wirklichkeit gerät, sich mit Tieren unterhält und schließlich selbst zu einem Raben wird.

Über ein Jahrzehnt später finde ich heraus, dass Castanedas Gespräche mit dem Yaqui-Indianer Don Juan Matus nie passiert sind. Mit „etwas ist passiert" meinen wir gemeinhin, dass wir dasselbe wahrgenommen hätten, wären wir dabei gewesen. Aber ist das überhaupt jemals der Fall?

Einer der Begründer der modernen Psychologie, William James, schreibt zu Beginn des 20. Jahrhunderts, dass alles, was einen Bezug zu uns und Bedeutung hat, wirklich ist.

Der Schriftsteller Alan Moore bemerkt, dass er in seiner Arbeit nicht mit Lügen, sondern mit Fiktion Handel treibe. Er gibt zu, dass diese Unterscheidung eigentümlich und für den Laien vielleicht nicht einfach zu treffen sei. Bei jeglicher Fiktion, in der Kunst, beim Schreiben, sei es wesentlich, selbst wenn man es mit den unerhörtesten Fantastereien zu tun hat, dass es eine emotionale Resonanz gibt. Es sei wichtig, dass sich eine Geschichte auf einer menschlichen Ebene wahr anfühlt, selbst wenn sie niemals passiert ist.

Damals am indischen Teestand ist Castanedas Buch für mich ähnlich schlimm wie *Zanoni*. Während Zanoni immer wieder darum rotiert, in den Abgrund, „the abyss", geblickt zu haben, lernt Castaneda zu „sehen", anstatt lediglich zu „blicken" … was immer das auch heißen mag.

Zurück aus Indien sehe ich ein neues Foto von „Wolfgang Gullich", das um die Welt geht. Wir erblicken ihn am Ende eines Risses an Händen und dem rechten Fuß hängen. Der Riss führt waagerecht an der Unterseite eines ewig langen, dachartigen Überhangs entlang. Nachdem er den Riss entlanggeklettert ist, hängt er da nun an der Dachkante, 200 Meter hoch über dem Talboden. Komplett frei, ohne Sicherungsseil. Doch Wolfgang, diesmal in kurzen Hosen, starrt nicht in den Abgrund. Er sieht nach oben, schwingt sich über die Dachkante und hat als erster Mensch die Route, die 1978 von Ron Kauk eröffnet wurde, *free solo*, d.h. ohne jegliches Hilfsmittel und Sicherung, durchstiegen. Die Route im Yosemite National Park in Kalifornien heißt *Separate Reality*.

Bis heute wird es mir innerlich kalt, wenn ich dieses Bild betrachte. Es stellt sich dieselbe Beklemmung ein wie bei einem anderen Bild von Wolfgang Güllich, free solo im *Dolch*, einer ähnlich ausgesetzten Route im Frankenjura. Direkt ausgedrückt, ich bekomme Angst. Nicht um Wolfgang auf dem Bild, und auch nicht um mich – ich sitze ja sicher in meinem Sessel. Dennoch hat dieses Empfinden natürlich ganz offensichtlich auch etwas mit der Angst um das eigene Leben zu tun. Der Angst vor dem absoluten Ende der Existenz des eigenen Bewusstseins. Unser Bewusstsein, alles was wir haben, das, was uns ausmacht. Aber ich fürchte, es geht da noch um etwas anderes.

Denn, wie ist es möglich, *Separate Reality* free solo zu durchsteigen? Und ich meine nicht die athletische Seite des artistischen Kletterns – die ist mir einigermaßen klar.

In den 1980ern und frühen 1990ern war ich mit meinem besten Freund viel beim Klettern. Wir sind in einer Gegend aufgewachsen, deren Flusstäler international bekannte Kletterfelsen beheimaten. Sie sind so prominent, dass sie sogar Spitzenkletterer aus Kalifornien und aller Welt anziehen. Bis heute.

Weil wir, statt in der Schule, so viel bei diesen Felsen waren, haben wir dort ab und an die Großen der damaligen Szene getroffen. Auch ein paar Mal Wolfgang Güllich. Inklusive der rotweiß-gestreiften Gymnastikhose. Ein unglaublich netter, freundlicher, angenehmer Mann, bescheiden und „down to earth" … stets bereit zu einer Unterhaltung mit uns zehn Jahre Jüngeren. Über das Free-Solo-Klettern habe ich mit ihm nie gesprochen. Warum, weiß ich nicht. Vielleicht wollte ich gar nichts über den Abgrund hören.

Dennoch hat mich die Zen-artige Philosophie dieses reinstmöglichen Kletterns tief beeindruckt und begeistert. So machte ich eine mir vertraute Route zu meinem eigenen Projekt.

Eine Route, die ich gut und gern tatsächlich an die hundert Mal geklettert war, die ich buchstäblich auswendig konnte. Nicht allzu hoch, weniger als eine Seillänge. Auch nicht vermessen schwer, die Schlüsselstelle ist VI- nach der UIAA-Skala, mitten in meiner damaligen absolut sicheren Zone. Aber von der Beschaffenheit her immer noch mehr als hoch genug, um bei einem Sturz zu sterben, oder zumindest schwerste Verletzungen davonzutragen. Die Alpinisten sagen, die Route ist „ausgesetzt".

Bis weit über die Hälfte hinauf klettere ich ruhig und systematisch, zügig, aber nicht hastig, genau richtig. Die Schlüsselstelle, der schwierigste, entscheidende Abschnitt, naht und ich steige in sie ein.

Körperliche Leistungsfähigkeit, kletterisches Können und Erfahrung sind bei mir damals für diese Schlüsselstelle im Übermaß vorhanden. Das alles wird zu Makulatur, als das Bewusstsein leer wird.

Es ist nicht die technische Schwierigkeit, sondern in der Tat eine plötzlich einsetzende Angst vor dem Sturz, die Ausgesetztheit eben, die das bewirkt. Nicht, dass ich hinunterblicken würde, nicht mal das fällt mir ein. Es passiert einfach gar nichts mehr. Das ist kein körperliches Phänomen, sondern geschieht exklusiv an dem einzigen Ort, an dem, wie Alan Moore sagt, unbestreitbar Götter und Dämonen existieren. Im menschlichen Bewusstsein. Und das ist jetzt leer bei mir.

Den Weg hinüber in die andere Wirklichkeit hatte ich begonnen, bin aber auf halber Strecke stehengeblieben. Jetzt hänge ich genau über dem Abgrund.

Dieser Zustand hält unendlich lange an, bis die Leere in meinem Bewusstsein einer anderen Leere weicht. Für die nächsten Sekunden bin ich in der anderen Wirklichkeit und klettere vollkommen angstfrei, genauso ruhig und systematisch wie vorher, durch die Schlüsselstelle. Der kleine Überhang ist vorüber, die Senkrechte weicht, als sich die Wand zurücklehnt, ich liege nach dem Ausstieg oben im Gras und bin erfreut, dass mich die in der Sonne zirpenden Insekten dort begrüßen. Denn ganz, ganz kurz war ich woanders.

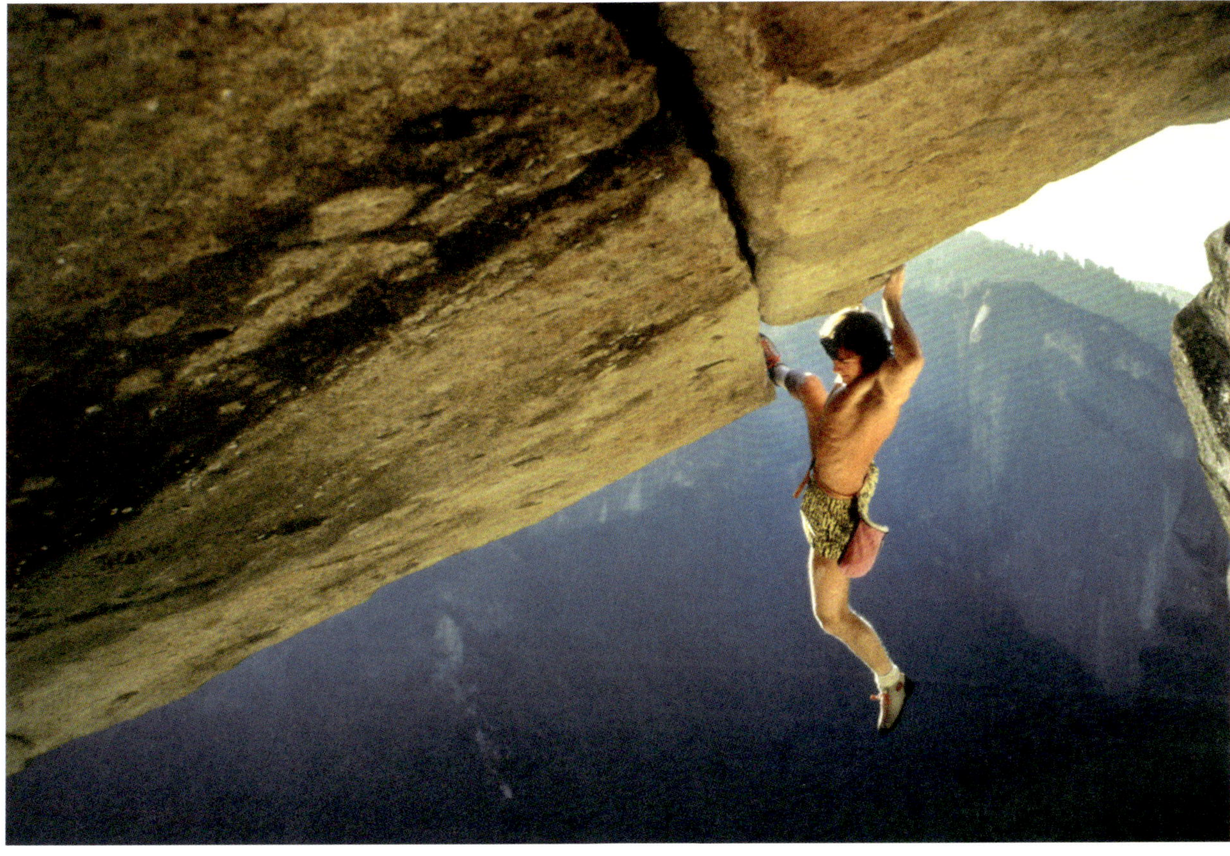

Wolfgang Güllich in der Route *Separate Reality*, Yosemite, Kalifornien, 1986. Foto: Heinz Zak
Wolfgang Güllich in the *Separate Reality* route, Yosemite, California, 1986. Photo: Heinz Zak

Kletterer wie Wolfgang Güllich, die in furchtbar schweren Routen wie *Separate Reality* (VIII-) free solo unterwegs sind, sind viele, viele Minuten ganz woanders. Augenfällig sind sie an physikalischen Orten, welche die absolute Mehrheit aller Menschen niemals betreten kann – bis heute haben nur vier Menschen *Separate Reality* seilfrei durchstiegen. Der zweite nach Güllich war Heinz Zak im Jahr 2005, der 1986 das berühmte Bild von Wolfgang in der Route aufgenommen hatte.

Viel wesentlicher ist ihr Bewusstsein nicht in dem, was wir als Alltagswirklichkeit wahrnehmen, sondern in einer „separate reality". Zwischen diesen Wirklichkeiten klafft ein Abgrund, den es zu überwinden gilt. Geht man darauf zu, bleibt aber davor stehen, und hört nicht auf, hineinzustarren, dann beginnt der Abgrund irgendwann zurückzustarren.

Die kalte Angst, die mich beim Betrachten der erwähnten Bilder beschleicht, hat mit zwei Abgründen zu tun. Zum einen mit dem tatsächlichen, in den man beim ungesicherten Klettern stürzen kann. Zum anderen mit Zanonis „abyss" zwischen den Wirklichkeiten.

Beat Kammerlander meinte nach den zwölf Minuten eines extrem schwierigen Free-Solo-Durchstiegs (*Mordillo*, X-) über seinen inneren Zustand dabei, dieser sei ein Blick in die Tiefen der eigenen Seele. Alles drehe sich um Lüge und Wahrheit – und in dieser Situation gebe es ausschließlich Wahrheit.

Ron Kauk hat seine Route 1978 nicht umsonst *Separate Reality* getauft.

Die acht Meter entlang des waagerechten Risses das überhängende Dach hinaus bedeuten eine unfassbar lange Reise in die andere Wirklichkeit. Demgegenüber verschwindet der Weg nach Kalifornien, über ein Weltmeer und einen Kontinent. „Like teardrops in the rain."

Immer noch in den 1980ern sehe ich einen Dokumentarfilm über René Magritte. Die Stimme aus dem Off erzählt, dass der Maler über lange Jahre sein Haus in Brüssel kaum verlassen, aber innerhalb seiner Mauern wesentlich weitere Reisen als ein Globetrotter unternommen habe. Für jemanden, der damals nicht nur andauernd an Felsen, sondern auch ständig für lange Zeitspannen in Ostasien unterwegs war und folgerichtig den literarischen Kosmos von Joseph Conrad bevorzugte, war diese Aussage vollkommen unverständlich bis widersinnig.

Magrittes Surrealismus ist direktes Vorbild für die Titelbilder von Castanedas Büchern. Bei Castaneda geht es nicht nur um das *Sehen*, sondern auch um das *Träumen* – mit seinen Bestsellern ist er sicherlich mitverantwortlich dafür, dass die *Traumzeit* der australischen Aborigines zu einem mystisch-exotischen Klischee der Esoterikszenen geworden ist.

Im Zusammenhang mit seinen Bildern werde der Begriff *Traum* allzu oft missverständlich gebraucht, meinte Magritte: „Meine Werke gehören nicht der Traumwelt an, im Gegenteil. Wenn es sich in diesem Zusammenhang um Träume handelt, sind diese sehr verschieden von jenen, die wir im Schlaf haben. Es sind eher selbstgewollte Träume, in denen nichts so vage ist wie die Gefühle, die man hat, wenn man sich in den Schlaf flüchtet. Träume, die nicht einschläfern, sondern aufwecken wollen." Die einen gar zum Sehen führen?

Nach gängiger Auffassung sind Magrittes Bilder Kunst, die Titelillustrationen zu Castanedas Büchern aber Populärkultur, genauso wie Comics.

In den 1950er Jahren hatte der französische Comic-Künstler Jean Giraud bereits neun Monate in Mexiko gelebt und dann das Land noch zweimal für jeweils längere Zeit besucht. Aber erst zu Beginn der 1970er Jahre begannen Landschaft, Geschichte und Kultur dort neue Bedeutungen für ihn zu bekommen – nachdem der chilenische Filmemacher Alejandro Jodorowsky ihm die Bücher Castanedas gegeben hatte.

Dass ich mich daran vage erinnerte, war übrigens mit ein Grund, warum ich damals in Delhi *A Separate Reality* gekauft habe.

Castanedas Geschichten vom und über den Nachfahren der mexikanischen Tolteken, Don Juan Matus, hatten nachhaltigen Einfluss auf Giraud und waren eine der zentralen Triebfedern seiner Metamorphose. Von Jean Giraud, einem Meister der klassischen franko-belgischen Comicschule, zu Mœbius, dem visionär-spirituellen Science-Fiction- und Fantasykünstler: Mœbius entfaltete selbst ungeheuren Einfluss, weit über die Kreise der Comicleserschaft hinaus. Zum Beispiel durch seine direkte Mitarbeit am Design von

Spielfilmen wie *Alien*, *Tron*, *Das Fünfte Element*, *The Abyss* … sein Einfluss auf *Blade Runner* und auf andere Comic-Künstler.

Jenseits des Handwerklichen und Künstlerischen hat er an seinen Freund Jean-Claude Mézières auch noch Castanedas Bücher weitergegeben. Das sieht man Teilen von Mézières magnum opus *Valérian et Laureline* auch deutlich an. Die Bildwelten der Verfilmung durch Luc Besson lassen gerade die Kritik vor Begeisterung Saltos schlagen.

Genauso verschlungen und verflochten wie diese Einflusslinien sind die Inhalte unseres Bewusstseins und Unterbewussten. Genährt von Eindrücken und Erlebnissen, aber auch von Artefakten der Kunst und Populärkultur (wenn man so eine Unterscheidung überhaupt treffen mag) bilden wir ein Leben lang assoziative Collagen aus Dingen, die häufig – analytisch betrachtet – nichts miteinander zu tun haben.

Analyse heißt Zerlegung, aber in den Geschichten über den Magier Don Juan Matus fließen die Dinge zusammen. So nimmt es wenig Wunder, dass Alan Moore, der an seinem vierzigsten Geburtstag erklärte, er sei nunmehr ein Magier, meint, dass es nach der mittlerweile langen Tradition von Analyse und Dekonstruktion an der Zeit sei, wieder an das Zusammensetzen zu gehen. So wie Moore in seiner *League of Extraordinary Gentlemen* Protagonisten und Narrative aus Welt- und Populärkultur, von Allan Quatermain über Dorian Gray, Mr. Hyde, Dr. Fu Manchu und Kapitän Nemo bis zu Zanoni usw., zu einem ungeheuren Epos zusammensetzt, setzen wir in unserem Inneren schon immer alles, was wir aufnehmen, zusammen. Auch zu intellektuellen Inhalten, natürlich, aber vielleicht wesentlicher zu Empfindungen, Stimmungen und Atmosphären.

Das Analytische und das Fusionierende, das Rationale und das Empfindende, das Sehende und das Träumende sind nicht Bestandteile, sondern Aspekte, Qualitäten unseres Bewusstseins. Und eine Collage ist keineswegs ein willkürliches Sammelsurium, sie ist eine Fusion. Die Bemerkung, der Ersteller der Collage habe sich schon etwas dabei gedacht, mag zutreffen, ist aber nicht hinreichend. Der Ersteller der Collage hat etwas empfunden.

So wie Castaneda, der im Jahr 1967 in den Bibliotheken der University of California in Los Angeles die Teile zu seiner Collage Don Juan Matus zusammensammelt.

Im selben Jahr spielt Jimi Hendrix beim Monterey Pop Festival einen Song des Onkels von Angelina Jolie. Irgendwann während der fast zehn Minuten von *Wild Thing* weiß er scheinbar nicht mehr, was er mit seiner Stratocaster noch alles anstellen soll. Als das Ganze schließlich kulminiert, schneidet D. A. Pennebaker in seinem Konzertfilm *Jimi plays Monterey* ins Publikum. Die Gesichter zeigen weniger Schockiertheit denn Fassungslosigkeit. Was auf der Bühne vor sich geht, ist selbst für die Mitglieder der ’60s Counterculture nicht zu greifen.

Vielleicht sehen sie den Mann mit der Gitarre gar nicht mehr, denn der ist woanders, in einer „separate reality“. Dazwischen liegt der Abgrund. Genau dahinein starren die Augen in Pennebakers Film. Die Gesichter spiegeln nicht Überforderung oder Unverstehen – es konnte ja gar nichts anderes passieren, denn an Hendrix’ Darbietung gibt es nichts zu erklären. Wesentlich ist, was empfinde ich bei *Wild Thing* in Monterey, Kalifornien?

Kalifornien, das sind die Kletterrouten im Yosemite, Hollywood, die Gegenkultur der 1960er, Schwarzenegger, Manson, *Baywatch*, *Mulholland Drive* … David Lynchs *Twin Peaks* hat den Boden urbar gemacht für ganz anderes Fernsehen, wie etwa *Lost*. In der Serie wird das Publikum früh mit einer geheimnisvollen Reihe von Zahlen konfrontiert, die im Laufe der Handlung immer wieder an den unwahrscheinlichsten Stellen auftaucht. Die Zahlen ziehen sich durch Staffel um Staffel, kommen dann seltener vor und werden schließlich fallengelassen und bis zum Schluss nicht mehr aufgegriffen.

Damon Lindelof, einer der Autoren der Serie, sinniert später, dass es nie darum ging, herauszufinden, was die Zahlen bedeuten. Tatsächlich ging es darum: „Was habe ich gefühlt, als ich *Lost* gesehen habe.“

So gesehen ist der Verlust der Zahlen kein Symptom von „bad writing“, eines Zusammenbruchs von Dramaturgie und Erzählung unter dem Druck der Prozesse der Ökonomie kommerzieller Filme und Serien.

Ein entsprechender Vorwurf wurde auch gegenüber *Twin Peaks* selbst geäußert, das in der zweiten Staffel beschleunigt immer weiter ins Mystische, Surreale, ja Absurde abgleitet. Die Kritik hat dafür die produktionsseitigen Streitereien und Schwierigkeiten, die Drücke der geschäftlichen Dimension eben, verantwortlich gemacht. Gegenwärtig läuft die 25 Jahre später gedrehte dritte Staffel. David Lynch ist absoluter Herr der Produktion, all seine Forderungen wurden erfüllt und *Twin Peaks* ist surrealer als je zuvor. Ich konnte nicht anders, als zu bemerken: „Very probably he always was, but David Lynch now definitely is beyond beyond."

Ich will nicht behaupten, dass ich mit den Jahren gelernt hätte, „zu sehen" – das wäre irgendwo zwischen anmaßend und lächerlich. Aber in der Tat sehe ich die Dinge anders.

Was erscheint denn unwahrscheinlicher? Dass jemand Regentropfen ausweichen kann oder dass jemand 200 Meter über dem Boden entsetzlich schwierige Routen ohne jegliche Sicherung klettert?

Mountain and *Summit* were the two American mountain climbing magazines that I read a great deal as a teenager. While leafing through the full-page ads selling ropes, climbing shoes, carabiners and the like, one man kept popping up. Often easy to recognize with his striking stretch pants with red and white stripes down the legs. Beneath the image, the (misspelled) name of the climber: "Wolfgang Gullich."

The American typesetters had no "ü" with an umlaut in their set of characters.

Around the same time, during the mid-1980s, or more exactly, in 1986, I found a worn out paperback in a small store in New Delhi. The cover blurb promised insights into the biography of a magician.

I had purchased a similar book earlier that year: *Zanoni* by Edward Bulwer-Lytton, better known for *The Last Days of Pompeii*. Now, almost thirty years later, I still haven't been able to finish *Zanoni*. Every few years I try again and have to start over from the beginning, naturally. These attempts are documented by a pile of bookmarks left in the book. Each individual one represents a new attempt and marks how far I got before falling out of the text. This collection has made the book twice as thick as it originally was.

Nevertheless, without hesitating I purchased Carlos Castaneda's *A Separate Reality: Further Conversations with Don Juan* from the bookseller on one of New Delhi's main thoroughfares Janpath. At the next tea stand down the road, I bought a beer, sat down and began to read, but I was horribly disappointed. I had expected something like the biography of Harry Houdini. Something about a magician who can actually make the impossible possible. Instead, *A Separate Reality* is about some researcher at a California university who purportedly converses with a supposedly Indian magician, takes psychedelic drugs, winds up in a different reality, speaks with the animals, and ultimately turns into a raven.

More than a decade later, I find out that Castaneda's conversations with the Yaqui Indian Don Juan Matus never actually happened. By "actually happened" we generally mean that we would have perceived the sam thing if we had been present. But is that ever really the case?

One of the founders of modern psychology, William James, wrote at the beginning of the twentieth century that everything that is related to us and has a significance is real.

The writer Alan Moore notes that in his work as an author he traffics in fiction, not in lies: "Although I'll admit that the distinction is a nice one, and perhaps not easy for the layman to make. With fiction, with art, with writing, it's important that even if you're dealing with areas of complete outrageous fantasy, that there is an emotional resonance. It is important that a story rings true upon a human level, even if it never happened."

Way back when at the Indian tea stand, Castaneda's book felt just as bad to me as *Zanoni*. While Zanoni interminably rotates around "looking into the abyss," Castaneda learns to "see," instead of just to "look." Whatever that might mean.

Back from India, I saw a new photograph of "Wolfgang Gullich" that went around the world. The picture shows him hanging from a crevice, on his hands and his right foot. The crevice leads horizontally along an endless roof-like overhang. After climbing along this crack, he now hangs at the roof-edge, 200 meters above the valley floor. Completely free, without a safety rope. But Wolfgang, this time wearing shorts, does not stare into the abyss. He looks up, swings over the lip, and as the first man without any technical help or safety rope he climbs the route that was opened by Ron Kauk in 1978. The route in Yosemite National Park in California is called *Separate Reality*.

Still today, I feel an internal chill when looking at this image. I get the same apprehensive feeling when I look at a similar image of Wolfgang Güllich climbing free solo in *Dolch*, a similarly exposed route in Frankenjura. Frankly, it frightens me. But I'm not scared for Wolfgang in the picture, nor for myself – I'm sitting safe in my chair, though. And yet, this sensation clearly has something to do with the fear for our own lives. The fear of the absolute end of the existence of our own consciousness. Our consciousness, everything we have, what defines us. But I'm afraid it's about something else as well.

For how is it possible to climb *Separate Reality* free solo? And I'm not speaking of the athletic side of artistic climbing, that's relatively clear to me.

In the 1980s and early 1990s, I often went climbing with my best friend. We grew up in a region where the river valleys are home to famous rock walls popular among climbers. These rocks are so prominent that they attracted top-ranking climbers from California and around the world, and still do so today.

Because we spent so much time at these rocks instead of at school, we met some of the world's prominent climbers, including Wolfgang Güllich a few times. His red and white striped stretch pants included. A very nice, friendly, approachable man, humble and "down to earth," always ready to have a chat with us, ten years younger than him. I never spoke to him about free-solo climbing. I don't know why. Perhaps I just didn't want to hear about the abyss.

And yet, the Zen-like philosophy of this purest of all forms of rock climbing impressed and thrilled me to no end. So I made a route that I was familiar with my own project.

I chose a route that I may well have climbed about a hundred times until I knew it by heart. Not too high, less than a rope long. And not incredibly difficult, the hardest passage is VI- on the UIAA scale, right within my safe zone at the time. Yet it is more than high enough to die from a fall, or at least to suffer grave injuries. Climbers call the route "exposed."

For more than half way through, I climb steadily and systematically, quickly but not in a rush, just right. The key part of the climb is now approaching, the most difficult, decisive passage, and I begin to enter it.

Physical capacity, climbing skill, and experience back then were available in abundance for this route. But all this becomes irrelevant when my consciousness empties.

It is not the technical difficulty, but in fact a sudden fear of falling, the feeling of exposure that is behind this. Not that I would look down, I don't even think of doing that. It's just that nothing at all happens. This is not a physical phenomenon, but takes place exclusively in the one place where, as Alan Moore says, gods and demons indisputably exist. In human consciousness. And now for me that's just empty.

I had begun the path over into the other reality, but stopped midway. Now I am hanging right above the abyss.

This condition lasts infinitely, until the void in my consciousness gives way to another void. For the next few seconds, I am in the other reality and climb through the most difficult part. Entirely without fear, just as steadily and systematically as before. Now I've passed the little overhang, the vertical moderates as the wall leans back. On exiting the route I lie down in the grass and am pleased by the sound of insects merrily chirping in the sun. For a brief, brief moment I had been somewhere else.

Climbers like Wolfgang Güllich, who are free solo underway in horribly difficult routes like *Separate Reality* (VIII-), are somewhere else entirely for many, many minutes. Obviously they are in physical locations where the absolute majority of all people would and could never be – until today, only four people have tackled *Separate Reality* free solo. The second after Güllich was Heinz Zak in 2005, the climber who had once taken the famous picture of Wolfgang on this route in 1986. Much more importantly, their consciousness is not within what we commonly perceive as mundane reality, but in a separate reality. Between these realities lies an abyss that needs to be overcome. If we move toward it, but stand in front of it, and cannot stop staring into it, then the abyss starts to stare back at us.

The cold fear that overcomes me while viewing the pictures mentioned has to do with two abysses. On the one hand, with the actual abyss that one can fall into while climbing without a safety rope. On the other hand, with Zanoni's "abyss" between realities.

After twelve minutes of a very difficult free solo climb (*Mordillo*, X-), Beat Kammerlander said of his inner state that it is a gaze into the depths of one's own soul. „Everything is about lies and truth, and in this situation there's only truth."

It's no accident that Ron Kauk christened his route *Separate Reality* in 1978. The eight meters under the overhang, along the horizontal crevice towards the lip, mean an impossibly long trip into another reality. The distance to California, over an ocean and a continent, disappears in contrast. „Like teardrops in the rain."

Still in the 1980s, I am watching a documentary about René Magritte. The voice from off-screen says that for years the painter hardly ever left his home in Brussels, but within his own walls undertook substantially farther trips than any globetrotter. For someone who at the time was not only constantly on rocks of all kinds, but also spent long periods of time in East Asia – and hence preferred the literary cosmos of Joseph Conrad – this statement was entirely incomprehensible, or utter nonsense.

Magritte's surrealism was the direct model for the cover designs on Castaneda's books. Castaneda writes not only about "seeing," but also about "dreaming." His bestsellers surely are partially responsible for the fact that the "dreamtime" of Australian Aborigines became a mystical-exotic cliché among esoterics.

In reference to his paintings, the term "dream" is all too often misused, Magritte said. "My works do not belong to the realm of dreams, quite to the contrary. If we are talking about 'dreams' in this context, they are very different from those we have while sleeping. It is a question rather of self-willed dreams, in which nothing is as vague as the feelings we have while escaping into sleep. Dreams that aren't intended to make you fall asleep, but to wake you up." Dreams that even may lead us to "seeing"?

According to the dominant view, Magritte's pictures are art, but the cover illustrations on Castaneda's books are popular culture, just like comic books.

During the 1950s, the French comic book artist Jean Giraud already lived in Mexico for nine months, later visiting the country twice for extended periods of time. But at the start of the 1970s, the landscape, history, and culture began to take on new meanings for him after the

Chilean filmmaker Alejandro Jodorowsky had given him Castaneda's books to read.

My recalling this vaguely was one reason why in Delhi I finally purchased *A Separate Reality*.

Castaneda's stories about the descendant of the Mexican Toltecs Don Juan Matus had a lasting influence on Giraud and was one of the central driving forces behind his metamorphosis. From Jean Giraud, a master of the classical Franco-Belgian comic books school, to Mœbius, the visionary, spiritual science fiction and fantasy artist. Mœbius himself became very influential, far beyond the circles of comic book readers. For example, by way of his work on designing feature films like *Alien*, *Tron*, *The Fifth Element*, *The Abyss*, his influence on *Blade Runner* and on other comic book artists.

Beyond craftsmanship and artistic matters, he also gave Castaneda's books to his friend Jean-Claude Mézières. That can be clearly seen in parts of Mézière's magnum opus *Valérian et Laureline*. The visual worlds of its film version by Luc Besson just recently made the critics leap with enthusiasm.

These lines of influence are as intricate and interwoven as the content of our consciousness and subconscious. Fed by impressions and experiences, but also by artifacts of art and popular culture (if this distinction makes sense at all), we are inexorably creating associative collages of things that often, analytically speaking, have nothing to do with one another.

Analysis means dissection, but in the stories about the magician Don Juan Matus, things flow together. It is thus not surprising that Alan Moore, who declared on his fortieth birthday that he is from now on a magician, thinks that after a long tradition of analysis and deconstruction it's now time to return to reassembling things. Just as Moore in his *League of Extraordinary Gentlemen* brings together protagonists and narratives from world and popular culture, from Allan Quatermain through Dorian Gray, Mr. Hyde, Dr. Fu Manchu, and Captain Nemo to Zanoni etc. to create an incredible epic, we assemble in our minds everything that we take up. Thus we create intellectual subjects as well, of course, but perhaps more importantly we create sensations, moods, and atmospheres.

The analytic and the fusing, the rational and the sensitive, the seeing and the dreaming are not components but aspects, qualities of our consciousness. And a collage is by no means a random collection, it is a fusion. The comment that the creator of a collage certainly had something in mind, might well be true, but is not sufficient. The creator of the collage also felt something.

Just like Castaneda, who assembled the elements of his collage Don Juan Matus in the libraries at UCLA in 1967. That same year at the Monterey Pop Festival, Jimi Hendrix played a song by the uncle of Angelina Jolie. At some point during the ten minutes of *Wild Thing*, he seems no longer to know what else he should do to his Stratocaster. In his concert film *Jimi Plays Monterey* D. A. Pennebaker cuts to the audience just when everything comes to a climax. The faces are not so much shocked as unbelieving. What is happening on stage is even unfathomable for members of 1960s counterculture.

Maybe they no longer see the man with the guitar, for he is now elsewhere, in a separate reality. In between is the abyss. This is just where the eyes are staring in Pennebaker's film. The faces do not reflect excessive demands or a lack of understanding. It couldn't have been any other way, for there is nothing to explain about Hendrix' performance. Key here is what I feel while watching this performance of *Wild Thing* in Monterey, California.

California. That means rock climbing in Yosemite, Hollywood, the counterculture of the 1960s, Schwarzenegger, Manson, *Baywatch*, *Mulholland Drive* … David Lynch's *Twin Peaks* made the ground fertile for an entirely different kind of television, like *Lost*. In the series, the audience was confronted very early on with a mysterious sequence of numbers that reappears over the course of the story in the most unlikely places. The numbers recurred from season to season, but then appeared less and less, and were finally forgotten and never returned.

Damon Lindelof, one of the writers behind the series, remembers later that it was never about finding out what these numbers meant. In fact, it was about "what I felt when I was watching *Lost*."

Seen in these terms, the loss of the numbers is perhaps not a symptom of „bad writing," the collapse of dramaturgy and narrative under the business pressure involved in making commercial films and TV series. A similar accusation was also made against *Twin Peaks* itself, because in the second season things hurdle toward the mystical, surreal, indeed absurd at an ever faster rate. Critics placed the responsibility for this in production disagreements and difficulties, the pressure from the business side. Currently, the third season is running, produced and taking place 25 years later. David Lynch is the absolute master of the production, all his demands were fulfilled and *Twin Peaks* is more surreal than ever. I couldn't help but to note, "Very probably he always was, but David Lynch now definitely is beyond beyond."

I do not want to claim that over the years I learned *to see*. That would be somewhere between presumptuous and preposterous. But in fact, I do see things differently.

What seems more unlikely? That someone can dodge raindrops or that someone would climb 200 meters above ground through horribly difficult routes with no physical safety measures whatsoever?

Ausgestellte Arbeiten Exhibited works

Cyrill Lachauer
The Adventures of a White Middle Class Man
(From Black Hawk to Mother Leafy Anderson)
2016/17

36 Fotografien (C-Print Handabzug), jeweils 80 x 65 cm, schwarzverzinkte Stahlrahmen
36 Photographs (C-Print hand print), each 31,5 x 25,6 inch, black galvanized steel frames
2 Leinwandobjekte, Acryl auf Leinwand
2 canvas objects, acrylic on canvas

Zeitung, 31,5 x 47 cm, 16 Seiten, Rollenoffsetdruck / Journal, 12,4 x 18,5 inch, 16 pages, web offset printing, mit Texten von */with texts by:* Cyrill Lachauer und zitierten Textpassagen von */and quoted passages by:* J. A. Baker, Thomas Bernhard, Las Casas, Hubert Fichte, Gustave Flaubert, David Graeber, Kübra Gümüsay / Nadia Shehadeh, Byung-Chul Han, Werner Herzog, Aldous Huxley, Alfred Kerr, Alexander Kluge, Alexander Knorr, Aldo Leopold, Bronislaw Malinowski, Cormac McCarthy, Janet McCloud, Henry Micheaux, Trinh T. Minh-ha, Pablo Neruda, Pier Paolo Pasolini, Gary Snyder, Claude Lévi-Strauss, Stanley Jeyaraja Tambiah, Margo Thunderbird, Tiqqun, Mark Twain

Cyrill Lachauer
Dodging Raindrops – A Separate Reality
2017

16 mm-Film transferiert auf 2k Video, Farbe, Stereo, 26´48˝ / color video from 16 mm film, stereo audio, 26´48˝

Mit / With: Eureka Break, Rafael Lopez García, Scott Thomas Lowe, Drawz Eric Romero and friends, S. from Fresno, Ferdinandus Ludovicus Van Eeten
Schnitt / Editor: Antje Engelmann
Sprecher / Narrator: „Barrit" Arthur Harriman
Gewisper / Whispering: Matze Görig
Sound Design: Gábor Ripli
Mastering und Postproduktion / Mastering and postproduction: Volte Film (Michel Balagué, Unai Rosende)

Flipping the Coin Films, 2017

Impressum Colophon

Diese Publikation erscheint anlässlich der Ausstellung
Cyrill Lachauer. What Do You Want Here
03.11.2017 – 30.04.2018

This catalogue is published on the occasion of the exhibition
Cyrill Lachauer. What Do You Want Here
11/3/2017 – 4/30/2018

Berlinische Galerie
Landesmuseum für Moderne
Kunst, Fotografie und Architektur
Stiftung öffentlichen Rechts
Alte Jakobstraße 124 – 128
10969 Berlin

Tel +49 (0)30-78 902-600
Fax +49 (0)30-78 902-700
bg@berlinischegalerie.de
www.berlinischegalerie.de

Ausstellung/Exhibition

Konzept/Concept: Cyrill Lachauer
Kurator/Curator: Guido Faßbender
Assistenz/Assistance: Friederike Nitz
Technische Leitung/Head of Installation:
Wolfgang Heigl, Roland Pohl
Aufbau/Installation: RT Ausstellungstechnik, Berlin
Kunstwerkplanung und -produktion/Artwork planning and production: Viola Eickmeier, Studio Violet
Handabzüge/Prints: Barbara Thiel, C-Print, Berlin
Rahmung/Framing: Stefan Rueff, Art Passepartout
Layout Zeitung/Layout Journal:
Cyrill Lachauer und/and Johannes Siemer
Beratung/Mentoring: Alexandra Alexopoulou

Die Arbeit an *Dodging Raindrops – A Separate Reality* und der Ausstellung *What Do You Want Here* wurde maßgeblich ermöglicht durch die großzügige Unterstützung von:

Ingvild Goetz, Sammlung Goetz
Markus Hannebauer, fluentum collection
Studio Botanic
Ulrich Köstlin
Ingeborg Neumann
Medienboard Berlin-Brandenburg
Villa Aurora, Los Angeles

Der Künstler dankt darüber hinaus/
The artist's gratitude goes also to:
Clara Bahlsen, Hans-Jörg Clement, Antje Engelmann, Guido Faßbender, Thomas Köhler, Florian Nehm, Flipping the Coin (Alexander Hick, Nils Petersen, Moritz Stumm), Matze Görig, Veronika Grob, Immanuel Hick (SRIII), Gerhard Hoppe, Rozano Ismael Johnson, Alexander Knorr, Caspar und Aurora Lachauer, Annette Rupp, Olaf Stüber, Friedel Schmoranzer, Jordan Troeller, Susanne Touw, Heinz Zak

Katalog/Catalogue

Herausgeber/Editors: Thomas Köhler und/and
Guido Faßbender für die/for Berlinische Galerie
Konzept/Concept: Cyrill Lachauer und/and Johannes Siemer
Redaktion, Lektorat/Editing: Guido Faßbender,
Friederike Nitz, Christian Tagger
Autoren/Authors: Guido Faßbender, Alexander Knorr,
Thomas Köhler, Cyrill Lachauer
Korrektorat/Proofreading: DISTANZ Verlag
Übersetzung/Translation: Brian Currid
Gestaltung/Design: State, Berlin
Lithografie/Lithography: Max-Color, Berlin
Projektmanagement/Project management: DISTANZ Verlag
Druck und Bindung/Printing and Binding:
optimal media GmbH, Röbel/Müritz
Vertrieb/Distribution: Gestalten, Berlin; www.gestalten.com;
sales@gestalten.com
Erschienen im/Published by: DISTANZ Verlag, www.distanz.de

Mit freundlicher Unterstützung durch das Trustee Programm EHF 2010 der Konrad Adenauer Stiftung/With kind support from the Trustee Program EHF 2010 of the Konrad Adenauer Foundation

ISBN 978-3-95476-215-6
Printed in Germany

Berlinische Galerie
Mitarbeiter/Staff

Direktor/Director
Dr. Thomas Köhler

Verwaltungsdirektorin/Director of administration:
Birgitta Müller-Brandeck

Sekretariat der Direktion/Management office:
Wiebke Heß

Referentin des Direktors/Assistant to the director:
Anne Bitterwolf

Assistenz der Verwaltungsdirektion
Administrative management assistant:
Daniela Siegel

Sammlungen/Collections

Bildende Kunst/Fine Arts:
Dr. Stefanie Heckmann (Leitung/Head), Guido Faßbender, Anna Maria Heckmann, Annemarie Seyda, Christian Tagger

Fotografie/Photography:
Ulrich Domröse (Leitung/Head), Kerstin Diether, Tanja Keppler

Grafik/Prints and Drawings:
Dr. Annelie Lütgens (Leitung/Head), Katharina Hoffmann

Architektur/Architecture:
Ursula Müller (Leitung/Head), Frank Schütz, Ulrike Kohl

Künstler-Archive/Artists' Archives:
Dr. Ralf Burmeister (Leitung/Head), Philip Gorki, Christiane Necker, Wolfgang Schöddert

Bibliothek/Library:
Marion Molnos, Christina Strauch, Annika Benndorf (FSJ Kultur)

Restaurierung/Conservation:
Andreas Piel (Leitung/Head), Maria Bortfeldt, Sabina Fernandez, Corinna Nisse

Wissenschaftliche Volontäre/Trainee curators:
Anna Bauer, Friederike Nitz, Juschka Marie von Rüden, Nuno de Brito Rocha, Julia Schubert, Cornelia Siebert

Marketing & Kommunikation
Marketing & communication

Ulrike Andres (Leitung/Head), Maya Buhlmann (FSJ Kultur), Marie-Claire Krahulec, Paula Rosenboom (Trainee), Andreas Krüger (Trainee Bildung/education)

Förderverein/Friends of the museum:
Sophie Bertone, Stephanie Krumbholz, Katharina Faller

Zentrale Dienste/Administration

Organisation und IT/Organization and IT:
Christiane Friedrich (Leitung/Head), Martin von Piechowski, Jan Salzberger

Finanzen & Controlling/Finance and controlling:
Susanne Teuber (Leitung/Head), Laila Ayyache, Kerstin Böhme, Dagmar Petzold

Personalservice/Human resources:
Christian Monschke (Leitung/Head), Cornelia Remky

Technik/Technical department:
Roland Pohl (Leitung/Head), Wolfgang Fleischer, Robert Frank, Ralf Geelhaar, Wolfgang Heigl, Andreas Kamprath, Frank Rohrbeck, Tijana Mirjacic (FSJ Kultur)

Besucherbetreuung/Visitors' service:
Carola Semm (Leitung/Head),
Gerald Friedrich (Stellvertretende Leitung/Deputy Head), Helmut Andersen, Christiane Boese, Brigitte Heilmann, Nihal Isigan, Gerhard Jende, Daniela Lamprecht, Matthias Linde, Denisa Palikova (Praktikantin/Intern), Katarina Roters, Olaf Schümann, Nasrin Sheikh Zadeh, Reza Soltani

Museumsshop/Museum shop:
Friederike von Born-Fallois, Carsten Fedderke, Dr. Eva-Maria Kaufmann, Reinhard Kuh, Merwe Reckenfelderbäumer, Dirk Schäfer

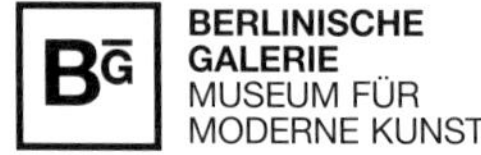

DISTANZ